DIREITO DO TRABALHO:
POR UMA CARTA SOCIOLABORAL
LATINO-AMERICANA

Autores

Álvaro Daniel Ruiz
Antonio Baylos
Antonio Loffredo
David Duarte
Diego Fernando Boglioli
Francisco Iturraspe
Francisco Trillo Párraga
Guillermo Gianibelli
Horacio Ricardo González
Hugo Barreto Ghione
Javier Fernando Izaguirre
Joaquín Pérez Rey
José E. Tribuzio
Luis Enrique Ramírez
Lydia Guevara Ramírez
Mauricio César Arese
Nunzia Castelli
Oscar Ermida Uriarte
Ricardo J. Cornaglia
Roberto Carlos Pompa
Sebastián Serrano Alou

LUIS ENRIQUE RAMÍREZ
LUIZ SALVADOR
coordenadores

DIREITO DO TRABALHO:
POR UMA CARTA SOCIOLABORAL LATINO-AMERICANA

TRADUÇÃO DE LUCIANA CAPLAN

LTr

LTr EDITORA LTDA.
© Todos os direitos reservados

Rua Jaguaribe, 571
CEP 01224-001
São Paulo, SP — Brasil
Fone (11) 2167-1101
www.ltr.com.br

Produção Gráfica e Editoração Eletrônica: R. P. TIEZZI
Projeto de Capa: FABIO GIGLIO
Impressão: DIGITAL PAGE
LTr 4741.8
Outubro, 2012

Dados Internacionais de Catalogação na Publicação (CIP)
(Câmara Brasileira do Livro, SP, Brasil)

Direito do trabalho : por uma carta sociolaboral latino-americana / Luis Enrique Ramírez, Luiz Salvador, coordenador. — São Paulo : LTr, 2012.

Vários autores.

Bibliografia
ISBN 978-85-361-2317-2

1. Carta sociolaboral latino-americana 2. Direito do trabalho 3. Direitos fundamentais 4. Organização Internacional do Trabalho I. Enrique Ramírez, Luis II. Salvador, Luiz.

12-11073   CDU-34:331:347.121.1

Índices para catálogo sistemático:
1. Direito de trabalho e direitos fundamentais   34:331:347.121.1
2. Direitos fundamentais dos trabalhadores : Direito do trabalho 34:331:347.121.1

SUMÁRIO

SOBRE OS AUTORES 9

APRESENTAÇÃO DA OBRA 13

INTRODUÇÃO
PARA UM NOVO PARADIGMA NAS RELAÇÕES TRABALHISTAS DO SÉCULO XXI 15
LUIS ENRIQUE RAMÍREZ

DECLARAÇÃO DO MÉXICO
CARTA SOCIOLABORAL LATINO-AMERICANA
PARA UMA SOCIEDADE PLANETÁRIA COM INCLUSÃO SOCIAL 21

1. LIVRE CIRCULAÇÃO DE PESSOAS NO ESPAÇO COMUNITÁRIO, SEM DISCRIMINAÇÃO EM RAZÃO DA NACIONALIDADE E COM IGUALDADE DE DIREITOS

DIREITO A MIGRAR E DIREITO AO TRABALHO 27
OSCAR ERMIDA URIARTE

2. RELAÇÕES TRABALHISTAS DEMOCRÁTICAS E SEM DISCRIMINAÇÃO DE QUALQUER TIPO, DE MANEIRA TAL QUE O TRABALHADOR, CIDADÃO NA SOCIEDADE, TAMBÉM SEJA CIDADÃO NA EMPRESA

O TRABALHADOR, CIDADÃO NA EMPRESA 37
DAVID DUARTE

A VIOLÊNCIA NO TRABALHO COMO FORMA DE DISCRIMINAÇÃO NO EMPREGO 42
LYDIA GUEVARA RAMÍREZ

A CIDADANIA SOCIAL E O MUNDO DO TRABALHO 49
JAVIER FERNANDO IZAGUIRRE

3. DIREITO À VERDADE, E DE INFORMAÇÃO E CONSULTA, EM TODOS OS TEMAS RELATIVOS À VIDA DA EMPRESA, QUE POSSAM AFETAR AOS TRABALHADORES

DEMOCRACIA INDUSTRIAL 53
ANTONIO LOFFREDO

A PARTICIPAÇÃO DOS TRABALHADORES NA EMPRESA 58
DAVID DUARTE

4. DIREITO A UM EMPREGO ESTÁVEL, E PROIBIÇÃO E NULIDADE DA DISPENSA ARBITRÁRIA OU SEM JUSTA CAUSA

O TRABALHO ESTÁVEL COMO CONDIÇÃO DE CIDADANIA 63
JOAQUÍN PÉREZ REY

5. DIREITO A UM TRABALHO DIGNO E DE QUALIDADE QUE, NO MÍNIMO, RESPONDA ÀS PAUTAS DA ORGANIZAÇÃO INTERNACIONAL DO TRABALHO

DIREITO A UM TRABALHO DECENTE E A DIGNIDADE DOS ZÉ-NINGUÉNS 69
FRANCISCO TRILLO PÁRRAGA

6. DIREITO A UMA RETRIBUIÇÃO DIGNA, QUE CUBRA TODAS AS NECESSIDADES DO TRABALHADOR E DE SUA FAMÍLIA E QUE, ADEMAIS, LEVE EM CONTA OS BENEFÍCIOS OBTIDOS PELO EMPREGADOR

A FUNÇÃO DO SALÁRIO 76
NUNZIA CASTELLI

7. DIREITO A UMA REAL E EFETIVA JORNADA LIMITADA DE TRABALHO. OS ESTADOS DEVERÃO EXERCER, COM A ENERGIA NECESSÁRIA E COM OS MEIOS ADEQUADOS, SEU PODER DE POLÍCIA LABORAL, PARA EVITAR TODA TRANSGRESSÃO AOS LIMITES MÁXIMOS DE TRABALHO

UMA HISTÓRICA CONQUISTA SOCIAL, PERMANENTEMENTE AMEAÇADA 82
DAVID DUARTE

8. DIREITO À FORMAÇÃO E CAPACITAÇÃO PROFISSIONAL

A FORMAÇÃO PROFISSIONAL COMO DIREITO HUMANO 91
HUGO BARRETO GHIONE

9. DIREITO À SEGURIDADE SOCIAL, QUE CUBRA AS NECESSIDADES VITAIS DO TRABALHADOR E DE SUA FAMÍLIA, FRENTE ÀS CONTINGÊNCIAS SOCIAIS QUE POSSAM AFETAR SUAS RENDAS ECONÔMICAS. A SEGURIDADE SOCIAL DEVE SER FUNÇÃO INDELEGÁVEL DO ESTADO, PELO QUE DEVERÁ REVERTER-SE O PROCESSO DE PRIVATIZAÇÃO QUE SOFRERAM NOSSOS PAÍSES NA DÉCADA DE 1990

O FUTURO DA SEGURIDADE SOCIAL 93
HORACIO RICARDO GONZÁLEZ

10. INSTITUCIONALIZAÇÃO DE UMA RENDA BÁSICA CIDADÃ COMO DIREITO DE CADA PESSOA, SEM IMPORTAR SUA RAÇA, SEXO, IDADE, CONDIÇÃO CIVIL OU SOCIAL, DE RECEBER UMA RENDA PARA ATENDER SUAS NECESSIDADES VITAIS

PARA A REDISTRIBUIÇÃO E A REAPROPRIAÇÃO DA RIQUEZA SOCIAL 109
DIEGO FERNANDO BOGLIOLI

11. DIREITO À EFETIVA PROTEÇÃO DA SAÚDE E DA VIDA DO TRABALHADOR DIANTE DOS RISCOS DO TRABALHO. A GESTÃO DO SISTEMA DE PREVENÇÃO E REPARAÇÃO DOS DANOS CAUSADOS PELOS ACIDENTES DE TRABALHO NÃO PODERÁ ESTAR EM MÃOS DE OPERADORES PRIVADOS QUE ATUEM COM FINS LUCRATIVOS

O "IMPOSTO DE SANGUE" 118
LUIS ENRIQUE RAMÍREZ

12. DIREITO À ORGANIZAÇÃO SINDICAL LIVRE E DEMOCRÁTICA

LIBERDADE SINDICAL E REPRESENTAÇÃO DOS TRABALHADORES 122
ANTONIO BAYLOS

A LIBERDADE SINDICAL COM ENFOQUE DEMOCRÁTICO 125
GUILLERMO GIANIBELLI

13. DIREITO À NEGOCIAÇÃO COLETIVA, NACIONAL E TRANSNACIONAL

NEGOCIAÇÃO COLETIVA: UM SISTEMA ORIGINAL E TRANSFORMADOR 129
MAURICIO CÉSAR ARESE

UM EIXO CENTRAL DO DIREITO COLETIVO DO TRABALHO 139
HUGO BARRETO GHIONE

14. DIREITO DE GREVE, COMPREENSIVO DAS DIVERSAS FORMAS DE PRESSÃO E PROTESTO, E SEM RESTRIÇÕES REGULAMENTARES QUE O LIMITEM OU ANULEM

O DIREITO DE GREVE COMO FUNDAMENTO DE UM DIREITO DO TRABALHO TRANSFORMADOR 141
FRANCISCO ITURRASPE

15. Proteção Trabalhista Real e Efetiva para os Trabalhadores Ligados ao Serviço Doméstico e ao Trabalho Agrário

Dos Coletivos Trabalhistas Permanentemente Marginalizados 147
Álvaro Daniel Ruiz

16. Garantia da Cobrança dos Créditos Trabalhistas, Estabelecendo-se a Responsabilidade Solidária de Todos os que na Cadeia Produtiva se Aproveitam ou Beneficiam da Força de Trabalho Assalariada

A Responsabilidade Solidária de Todos os que se Beneficiam do Trabalho Humano 153
Sebastián Serrano Alou

17. Criação de Fundos que Cubram os Casos de Insolvência Patronal

Do Direito a uma Remuneração Justa, que é um Direito de Subsistência, Necessariamente deriva a Garantia de sua Efetiva Percepção 162
Sebastián Serrano Alou

18. Garantia de uma Justiça Especializada em Direito do Trabalho, com um Procedimento que Recepcione o Princípio da Proteção

Trazer à Realidade os Direitos dos Trabalhadores 167
Roberto Carlos Pompa

19. Tutela para os Representantes e Ativistas Sindicais contra qualquer Represália que Possa Afetar a sua Família, seu Emprego ou suas Condições de Trabalho

A Proteção da Representação e a Atividade Gremial contra a Discriminação Antissindical 177
José E. Tribuzio

20. Princípio de Progressividade, que Significa não só a Proibição do Retrocesso Social, mas o Compromisso dos Estados de Alcançar Progressivamente a Plena Efetividade dos Direitos Humanos Trabalhistas

O Princípio de Progressividade como Proteção da Propriedade Social e da Integridade do Trabalhador 182
Ricardo J. Cornaglia

Sobre os Autores

ÁLVARO DANIEL RUIZ (Argentina). Advogado trabalhista. Subsecretário de Relações Laborais do Ministério do Trabalho e Seguridade Social (Argentina). Presidente da Comissão Nacional de Trabalho Agrário (organismo normativo tripartite da Argentina).

ANTONIO BAYLOS (Espanha). Catedrático de Direito do Trabalho e da Seguridade Social. Diretor do Departamento de Direito do Trabalho e Trabalho Social e do Instituto de Investigação Centro-Europeu e Latino-americano para o Diálogo Social da UCLM, em Cidade Real, Espanha.

ANTONIO LOFFREDO (Itália). Especialista em Direito do Trabalho e Relações Industriais pela Universidad Federico II de Nápoles. Doutor em Direito do Trabalho pela Universidad de Catania.

DAVID DUARTE (Argentina). Secretário letrado da Procuradoria Geral da Nação. Professor adjunto de Direito do Trabalho e da Seguridade Social na Universidad Nacional de Buenos Aires.

DIEGO FERNANDO BOGLIOLI (Argentina). Presidente da Associação dos Advogados Trabalhistas de Rosario (Argentina), períodos 2006-2008, 2008-2010 e 2010-2012. Especializado em Direito Administrativo Trabalhista.

FRANCISCO ITURRASPE (Venezuela). Assessor de organizações sindicais e cooperativas. Diretor da AVAL (Associação Venezuelana de Advogados Trabalhistas) e fundador da ALAL.

FRANCISCO TRILLO PÁRRAGA (Espanha). Doutor em Direito do Trabalho e da Seguridade Social. Universidad Castilla-La Mancha.

GUILLERMO GANIBELLI (Argentina). Professor regular da Faculdade de Direito (UBA). Membro da Comissão Diretora da Associação dos Advogados Trabalhistas. Diretor do Observatório do Direito Social da Central de Trabalhadores da Argentina (CTA).

HORACIO RICARDO GONZÁLEZ (Argentina). Doutor em Direito Constitucional. Professor de Direito Constitucional e Teoria do Estado, Faculdade de Direito da Universidad de Buenos Aires.

HUGO BARRETO GHIONE (Uruguai). Professor agregado (grau IV) em Direito do Trabalho e da Seguridade Social, Universidad de la República. Professor no mestrado em Direito do Trabalho em Teoria Geral do Direito do Trabalho.

JAVIER FERNANDO IZAGUIRRE (Argentina). Magister em Direito do Trabalho: Emprego, Relações Trabalhistas e Diálogo Social na Europa, Universidad Castilla-La Mancha.

JOAQUÍN PÉREZ REY (Espanha). Professor da Universidad Castilla-La Mancha (Espanha) e autor das monografias "Estabilidade no emprego" (2004), "A transformação da contratação temporária em indefinida" (2004), "O contrato eventual" (2006), entre outras.

JOSÉ E. TRIBUZIO (Argentina). Advogado especialista em Direito do Trabalho. Professor nas Faculdades de Direito e de Ciências Sociais da Universidad de Buenos Aires.

LUIS ENRIQUE RAMÍREZ (Argentina). Vice-presidente executivo da Associação Latino-americana de Advogados Trabalhistas (ALAL). Presidente da Associação de Advogados Trabalhistas (AAL) (1990-1992, 2000-2002 e 2006-2008), e atualmente vice-presidente. Professor de Pós-graduação nas Faculdades de Direito e Ciências Sociais das Universidades Nacionais de Córdoba e do Litoral e Católica de Córdoba.

LYDIA GUEVARA RAMÍREZ (Cuba). Secretária-Geral da Associação Latino-americana de Advogados Trabalhistas. Secretária da Sociedade Cubana de Direito do Trabalho e Seguridade Social da UNJC. Professora titular adjunta da Faculdade de Direito da Universidad de la Habana.

MAURICIO CÉSAR ARESE (Argentina). Doutor em Direito e Ciências Sociais. Professor regular da Universidad Nacional de Córdoba. Magistrado do Trabalho concursado.

NUNZIA CASTELLI (Espanha). Doutora em Direito do Trabalho e da Seguridade Social da Universidad Castilla-La Mancha (UCLM), Ciudad Real. Bacharel pela Faculdade de Direito da Università di Siena.

OSCAR ERMIDA URIARTE (Uruguai). Catedrático de Direito do Trabalho e da Seguridade Social, Faculdade de Direito, Universidad de la República. Vice-presidente da Academia Ibero-americana de Direito do Trabalho e da Seguridade Social.

RICARDO J. CORNAGLIA (Argentina). Doutor em Ciências Jurídicas UNLP. Diretor do Instituto de Direito Social da Faculdade de Ciências Jurídicas e Sociais da U.N.L.P. Diretor da Carreira de Pós-graduação de Especialização em Direito Social da Faculdade de Ciências Jurídicas da UNLP.

ROBERTO CARLOS POMPA (Argentina). Procurador e advogado. Juiz da Câmara Nacional de Apelações do Trabalho. Professor titular da cátedra de Direito do Trabalho da carreira de Relações do Trabalho da Faculdade de Ciências Sociais (UBA).

SEBASTIÁN SERRANO ALOU (Argentina). Advogado especializado em Direito do Trabalho. Egresso da Universidad Nacional de Cuyo.

Apresentação da Obra

O mundo já concretizou um processo de globalização econômica, derrubando as fronteiras para permitir a livre circulação de mercadorias. Os capitais, por sua vez, instalam-se em qualquer país que ofereça melhores condições para otimizar sua rentabilidade. Mas não ocorre o mesmo com os trabalhadores. Ao contrário, nos chamados países desenvolvidos impõem-se, cada vez mais, travas aos imigrantes de outros países, em alguns casos em um marco de xenofobia e racismo inéditos.

O direito dos trabalhadores à livre circulação, com idênticos direitos trabalhistas e profissionais, em um mundo sem fronteiras, é demandado pela evolução da consciência social da humanidade. Este ideal encontra-se incorporado no imaginário popular desde há muito tempo, e podemos encontrá-lo no tema musical "Imagine", composto e interpretado por John Lennon, e depois por Paul McCartney e tantos outros cantores famosos.

Buscando contribuir para a realização deste ideal de um mundo livre, democrático e sem fronteiras, de uma sociedade planetária de inclusão social, a Associação Latino-americana de Advogados Laboralistas (ALAL), desde o ano de 2007, vem trabalhando em uma proposta para o movimento sindical e para os governos da região que permita avançar no processo de integração latino-americana, mediante a aprovação de uma legislação supranacional que faça realidade um modelo de relações laborais frente ao século XXI. Um corpo de direitos e garantias para todos os trabalhadores latino-americanos.

Pretende-se, assim, com um modelo alternativo, enfrentar o modelo neoliberal e seu projeto de globalização econômica que — na contramão das propostas da OIT sobre o trabalho decente e sobre um meio ambiente laboral livre de riscos de acidentes e doenças profissionais — impulsiona a flexibilização e a precarização do mundo do trabalho, como única via para melhorar a produtividade e o lucro do capital, sem compromissos sociais. O neoliberalismo conseguiu projetar uma ordem social com uma enorme concentração da riqueza, com inaceitáveis injustiças e desigualdades, que levaram à marginalização, desesperança, exclusão e pobreza enormes setores da população. O trabalho deixou de ser um fator de mobilidade social, já que se criam empregos que não permitem ao trabalhador sair da pobreza.

A ALAL disse em reiteradas oportunidades que seu objetivo não se esgota em descrever esta crua realidade, mas pretende ser um instrumento para sua transformação (Carta de Cochabamba, 7.12.2007). Por isso vem trabalhando no projeto de uma Carta Sociolaboral Latino-americana, cujo conteúdo foi aprovado na Cidade do México, em 23.10.2009. Agora, está na tarefa de dar fundamentação social, política e científica a cada um destes direitos e garantias, para o que convocou juristas de todo o mundo para que colaborem. O resultado é este livro que a ALAL põe à disposição de todos os comprometidos com o mundo do trabalho.

Como presidente da ALAL quero testemunhar minha gratidão a todos os que colaboraram, desinteressadamente, para que o sonho de contar com um modelo de relações trabalhistas moderno e ajustado à evolução da consciência social da humanidade, hoje seja uma realidade.

Luiz Salvador
Presidente da Associação Latino-Americana de
Advogados Laboralistas.

Introdução

Para um Novo Paradigma nas Relações Trabalhistas do Século XXI

Luis Enrique Ramírez

I. A Associação Latino-Americana de Advogados Laboralistas (ALAL)

No ano 2000, fundou-se em Campos do Jordão, Brasil, a Associação Latino-Americana de Advogados Laboralistas (ALAL). Participaram do ato de fundação as principais associações de advogados trabalhistas da região e várias dezenas de profissionais do ramo.

A ALAL não é uma entidade "acadêmica", como tantas que já existem, nem esgota seu rol no debate doutrinário sem importância, mas pretende ser ativista das mudanças estruturais que devem ser produzidas na atual ordem social e econômica, desde o lugar dos trabalhadores.

Em diversos documentos deixou bem claro que se assume como uma ferramenta de luta para modificar as estruturas de dominação, marginalização e injustiça social que hoje oprimem nossos povos.

O primeiro passo nessa direção é, sem dúvida, a integração latino-americana. Construir a Pátria Grande com a que sonharam os heróis das lutas pela independência de nossos países. Em um planeta globalizado a partir dos concretos interesses do poder econômico e financeiro mundial, não há futuro para nossos povos se não consolidarem uma autêntica integração social, política e cultural.

E diante do fracasso ou da traição dos dirigentes políticos, ao longo de duzentos anos, corresponderá aos trabalhadores latino-americanos levantar esta bandeira e avançar decididamente no processo de integração. Para isso, contam com uma enorme vantagem: a absoluta identidade de seus interesses, qualquer que seja o país no qual se encontrem.

Hoje, mais do que nunca, é necessário trazer à realidade o internacionalismo que propunha o sindicalismo em suas origens, já que os excessos do processo globalizador capitalista só podem ser enfrentados mediante uma resposta também em escala global.

II. A GLOBALIZAÇÃO E O MUNDO DO TRABALHO

É claro que a globalização sem precedentes, que hoje caracteriza a economia mundial, provoca profundas tensões no mundo laboral.

Paradoxalmente, as receitas dos setores sociais dominantes são sempre as mesmas, quer se trate de épocas de bonança ou de crises econômicas gravíssimas: desregulamentação, flexibilização trabalhista, redução ou eliminação de conquistas e direitos dos trabalhadores, ataques às organizações sindicais e seus dirigentes, restrições ao direito de greve etc. O que está sucedendo em alguns países europeus é uma prova cabal do que estamos dizendo. A resposta que os países centrais deram à crise do sistema capitalista iniciada no ano de 2008 é uma demonstração claríssima: bilhões de dólares para os banqueiros e desapropriação de direitos para a classe trabalhadora. Simples assim.

Se alguém pôde pensar que a recente crise era uma boa oportunidade para corrigir rumos e fazer uma profunda reformulação de iniquidades, vícios e misérias do capitalismo, equivocou-se. Avança-se sobre os direitos dos trabalhadores com o mesmo discurso, com a mesma lógica e com a mesma racionalidade.

O paradigma neoliberal de relações trabalhistas, que fracassou durante a década de 1990 na maioria dos países latino-americanos, permanece à espreita. Sua milagrosa sobrevivência só tem uma explicação: a inexistência de um modelo alternativo crível, moderno e apoiado em princípios e valores totalmente diferentes.

III. A ALAL PROPÕE UM NOVO MODELO DE RELAÇÕES TRABALHISTAS

A ALAL vem sustentando que a atual conjuntura e a evolução da consciência social da humanidade demandam uma mudança de paradigma. A substituição do paradigma neoliberal de relações laborais, com sua concepção puramente economicista do mundo, por uma visão do trabalho subordinado totalmente diferente.

O homem deve ser o eixo e centro de todo o sistema jurídico, e com maior razão do trabalhista. Sua pessoa deve ser inviolável, constituindo um valor fundamental a respeito do qual os demais valores têm sempre um caráter instrumental. O trabalho humano tem características próprias que obrigam a considerá-lo com critérios que extrapolam o marco do mercado econômico. E o contrato de trabalho deve ter como principal objeto a atividade produtiva e criadora do homem, aparecendo só depois a relação de intercâmbio econômico.

No trabalho humano está em jogo, em primeiro lugar, a dignidade da pessoa que trabalha. No modelo neoliberal de relações trabalhistas, ao contrário, há uma não dissimulada pretensão de coisificá-la, considerando-a só um fator da produção e um objeto do chamado "mercado de trabalho". Mas como bem se disse, o ser humano é o senhor de todo mercado, o que encontra legitimação só se tributa à realização de direitos daquele (Corte Suprema da Justiça Argentina, caso "Vizzoti", 14.9.2004).

Desde esta ótica, impõe-se mudar a raiz daquele modelo, que fez do trabalhador um executor silencioso e submisso de ordens que vêm de cima, transformando-se em uma simples engrenagem facilmente substituível, de uma maquinaria manejada por mãos cujo dono desconhece.

Este modelo autocrático de empresa, em que um manda e os demais obedecem, e no qual o trabalhador tem uma inserção precária, está claramente desajustado em relação à evolução da consciência social da humanidade e ao ritmo universal dos direitos humanos.

Por isso, a ALAL considerou, em vários documentos, que chegou a hora de os trabalhadores deixarem de dizer só o que não querem, para avançar no projeto do modelo de relações trabalhistas a que legitimamente aspiram. A proposta é sair da trincheira na qual tiveram de se refugiar para proteger-se da feroz ofensiva neoliberal contra seus direitos e conquistas, e começar o processo de construção de uma nova ordem social, justa, igualitária e solidária.

Neste processo, o aporte da ALAL é um projeto de Carta Sociolaboral para os trabalhadores latino-americanos, para que seja debatida pelo movimento obreiro e, posteriormente, submetida aos governos da região. A ideia é que seja instrumentalizada mediante um tratado multilateral, que lhe dê hierarquia supralegal, colocando a salvo os direitos ali consagrados, dos fluxos e refluxos políticos, com sua sequela de avanços e retrocessos no nível de tutela dos trabalhadores. Ademais, ao estabelecer um piso comum de direitos para todos os trabalhadores latino-americanos, funcionará como um obstáculo efetivo contra o *dumping* social, e contra os deslocamentos especulativos do capital, que busca assentar-se onde encontra mão de obra dócil e barata.

Por que agora? Porque há uma conjuntura histórica na América Latina que será difícil que se repita, com muitos governos populares e progressistas, seguramente permeáveis a esta proposta.

IV. A CARTA É UM MODELO, UM SISTEMA

Os direitos e garantias que contém a Carta Sociolaboral não estão soltos nem isolados, mas relacionados entre si por um conjunto de princípios e valores absolutamente coerentes. Ainda que sujeita a debate, aperfeiçoamento e modificação por parte dos trabalhadores, a Carta instrumentaliza um sistema de relações trabalhistas que responde harmonicamente a uma lógica. Redimensiona a figura do trabalhador, a do empregador e a da empresa. A estabilidade laboral passa a ser o eixo do sistema, já que é a mãe de todos os demais direitos trabalhistas. A democracia e a liberdade sindical são, neste modelo, a garantia do exercício e gozo destes direitos, pelo que devem ser defendidas a todo custo.

No contrato laboral, o trabalhador busca, fundamentalmente, remuneração. Busca o ingresso econômico que lhe permita atender a suas necessidades e de sua família. Portanto, o direito a receber em tempo e forma o salário é um direito vinculado com a sobrevivência da pessoa, que é o mesmo que dizer que se relaciona com o primeiro direito humano: o direito à vida. Por isso, a Carta pretende dotar este direito de todas as garantias possíveis, estabelecendo a obrigação solidária de todos os que, na cadeia produtiva, aproveitam-se ou beneficiam-se do trabalho alheio, de pagar este salário. E quando isto falha, propõe-se a existência de fundos de garantia.

No novo modelo de relações trabalhistas que impulsiona a ALAL, tem-se claro que a atividade humana prometida ao empregador no contrato de trabalho é inseparável da pessoa que a realiza. Durante a prestação dos serviços contratados ficam envolvidas todas as energias físicas, mentais e espirituais do indivíduo. O trabalhador fica integralmente comprometido, já que o que se faz e o aquele que faz são indivisíveis. No trabalho subordinado, há uma implicação pessoal do trabalhador, motivo pelo qual conserva todos os direitos que o ordenamento jurídico interno e os tratados internacionais reconhecem a toda pessoa humana, qualquer que seja sua condição ou atividade. São os direitos que a doutrina denomina "inespecíficos", que adquirem especial relevância quando se trata de direitos humanos fundamentais. O trabalhador, por consequência, não deixa sua condição de cidadão na porta da fábrica.

A dignidade, reconhecida expressamente há mais de meio século pela Declaração Universal dos Direitos Humanos, é inerente a todas as pessoas humanas, pelo simples fato de sê-lo. Desse reconhecimento emana uma série de direitos essenciais do homem, que longe de perder-se ou atenuar-se quando exerce seu rol de trabalhador, potencializa-se com singular ênfase por via dos tratados internacionais e convenções da OIT que o protegem.

Por tudo isso, a Carta Sociolaboral Latino-americana nos fala de um sistema de relações trabalhistas democráticas e participativas, descartando-se qualquer forma de discriminação, e com uma efetiva estabilidade trabalhista que permita ao trabalhador ter um projeto de vida, que não se veja permanentemente ameaçado pelo fantasma da dispensa.

Neste modelo de relações trabalhistas, o trabalhador é um sujeito ativo, cujo compromisso pessoal com o destino da empresa tem como contrapartida os direitos à informação e à consulta sobre todas as questões importantes inerentes a ela. Também deriva naturalmente daquele compromisso o direito do trabalhador de participar na distribuição dos lucros que seu trabalho gera.

É provável que muitos, vendo a realidade latino-americana, considerem que a proposta da ALAL é uma utopia, mas bem se disse que o futuro será utópico, ou não teremos futuro.

Declaração do México Carta Sociolaboral Latino-Americana

Para uma Sociedade Planetária com Inclusão Social

Os advogados trabalhistas latino-americanos, representantes das associações e agrupamentos que aderiram à Associação Latino-americana de Advogados Laboralistas (ALAL), reunidos na Assembleia Geral Ordinária celebrada na Cidade do México, em 23 de outubro de 2009, aprovam por unanimidade a seguinte declaração:

> O sistema capitalista está passando por uma de suas piores crises, já que os resquícios do desastre financeiro trasladaram-se ao resto da econômica mundial e uma dessas consequências é o flagelo do desemprego, que rompe vários recordes em muitos países. A própria Organização Internacional do Trabalho (OIT) reconheceu que a crise varreu milhões de postos de trabalho. Durante o corrente ano, 61 milhões de pessoas foram empurradas para a desocupação, e no mundo há 241 milhões de desempregados, o que representa a maior cifra da história. Nos Estados Unidos, por exemplo, o desemprego chegou quase a dez por cento, a cifra mais alta em várias décadas.
>
> Em sua resolução "Para recuperar-se da crise: um Pacto Mundial para o Emprego", a OIT disse que a crise econômica mundial "colocou o mundo diante de uma perspectiva prolongada de aumento de desemprego e agudização da pobreza e da desigualdade", ao mesmo tempo em que prognostica que, segundo ensinam as experiências anteriores, a recuperação do emprego só será alcançada "vários

anos depois da recuperação econômica". Este organismo internacional reconhece, em seu documento, que "o mundo deveria ser diferente depois da crise", e melhor, acrescemos nós.

Mas pecaríamos de ingênuos se pensássemos que a crise da ordem social e econômica que está vigente na imensa maioria dos países do planeta, soluciona-se salvando os bancos da ruína, mediante a transferência de bilhões de dólares fornecidos, ao fim, pelos contribuintes de cada país. Mais ingênuo ainda é pensar que a solução passa por uma maior regulação dos mercados financeiros mundiais, medida absolutamente necessária, mas também absolutamente insuficiente para alcançar este "mundo diferente" que propõe a OIT.

A verdadeira crise do sistema capitalista é mais de um bilhão de seres humanos que, segundo a FAO, padecem de fome e desnutrição. A crise é o quarenta por cento da população mundial que sobrevive com menos de dois dólares por dia. É o treze por cento que não tem acesso a fontes de água limpa e os trinta e nove por cento que não tem água corrente nem banheiro em sua casa. O sistema está em crise pela tremenda desigualdade social que gerou, permitindo que vinte por cento dos habitantes do planeta fiquem com setenta e cinco por cento da riqueza, enquanto que quarenta por cento que ocupa a base da pirâmide social só possui cinco por cento. Está em crise porque, por exemplo, mais da metade da população do mundo não tem acesso a um sistema de saúde adequado.

Está em crise, enfim, porque produz ricos cada vez mais ricos, às custas de pobres cada vez mais pobres, não como uma consequência não desejada, mas como resultado natural e lógico dos princípios e valores nos quais se apoia. Esta tremenda desigualdade social se vê agravada pela impudica ostentação de riqueza e poder que fazem as minorias privilegiadas. Setores sociais dedicados ao consumismo e à diversão e que vivem na abundância, que não têm o menor pudor em exibir seu afã imoderado de prazeres frente aos que sofrem miséria, indigência e exclusão social.

O capitalismo gerou uma sociedade materialista e não solidária, que não se comove perante as situações radicalmente injustas que ela própria promove de maneira vergonhosa e desumana. Um individualismo abjeto que tudo ordena e subordina para proveito próprio, avassalando sem culpa os direitos dos demais. Uma classe social, particularmente na América Latina, que é minoritária, mas rica e poderosa, e que monopoliza a produção, o comércio e as finanças, aproveitando em sua própria comodidade e benefício todas as riquezas. Que goza de uma enorme influência em todos os poderes do Estado, e que a utiliza para manter seus privilégios e reprimir toda ameaça a eles. Não em poucos países latino-americanos, um punhado de famílias são proprietárias de todos os bens e riquezas, empurrando para a pobreza e para a marginalização a imensa maioria do povo.

É claro, então, que o capitalismo, quanto à pretensão de toda ordem social ser justa, fracassou. Mas a queda do muro de Berlim e o colapso do chamado "socialismo real" deixou um vazio que ainda não pôde ser ocupado: a ausência de um modelo social alternativo, apoiado em princípios e valores diferentes. E nisso somos nós, os advogados e advogadas trabalhistas, os que estão em mora em nossos povos.

Sem dúvida, chegou o momento de deixar de lado as atitudes defensivas e dizer o que não queremos, para passar à etapa de começar a projetar essa nova ordem social, justa e solidária que nossos povos merecem. Para isso, é preciso convencer-nos que não há nada que autorize a pensar que o sistema social vigente alcançou uma hegemonia total e definitiva. A ideologia dominante quis nos convencer de que com o neoliberalismo a história chegou ao fim, e que qualquer questionamento a ela era absurdo e irracional. A crise atual do sistema capitalista prova a falsidade deste *slogan*.

Mas é claro que entre o fracasso de um modelo social e sua substituição por outro há um longo caminho. Uma coisa é tomar consciência do esgotamento do modelo neoliberal, e outra muito distinta é oferecer uma alternativa verossímil e convidativa. Para isso, temos que estabelecer com clareza os princípios fundantes da nova ordem social que ansiamos, elaborando uma agenda concreta e realista de políticas e iniciativas. Um projeto de frente ao século XXI, que coloque o trabalhador no centro do cenário, que acabe com o flagelo do desemprego, que proponha uma equitativa distribuição de renda, que aprofunde a democracia e que traga à realidade a justiça social.

Para este efeito, a Associação Latino-americana de Advogados Laboralistas há tempos vem propondo a construção de um novo paradigma de relações trabalhistas, que constitua um piso inderrogável para todos os trabalhadores latino-americanos. Uma resposta global a uma crise global do sistema capitalista. Uma Carta Sociolaboral para a América Latina, como passo prévio a uma Constituição Social planetária.

Não há outra região do mundo na qual existem melhores condições para um efetivo processo de integração social, econômica e política. Entretanto, estamos em mora no cumprimento de algo que é um imperativo que emana de nossas próprias raízes históricas e culturais, com o que sonharam todos os nossos notáveis. Poderosos interesses econômicos internacionais e a colonização cultural de nossas classes dirigentes explicam esse fenômeno.

Mas a América Latina tem um destino comum, tal como demonstram os similares processos históricos vividos há seis séculos. A feroz ostensiva neoliberal contra os direitos dos trabalhadores, que todos os nossos países sofreram na década de 1990, deveria ser uma prova mais que suficiente da necessidade imperiosa de nos integrar para estabelecer uma estratégia de resistência a novas tentativas de dominação e exploração que seguramente se avizinham, e para construir um modelo alternativo ao vigente.

Há um cenário político na América Latina excepcional. Com suas distintas realidades e contradições, Cuba, Nicarágua, Equador, Brasil, Argentina, Uruguai, Paraguai e Bolívia vivem processos políticos que com maior ou menor intensidade apontam a substituir o modelo social dos anos 1990.

A Carta Sociolaboral para América Latina deverá estabelecer, em primeiro lugar, a livre circulação de pessoas, eliminando qualquer discriminação por razões de nacionalidade. E deve fixar um denominador comum em nível de proteção dos direitos dos trabalhadores, que atuará como um dique de contenção perante novos ataques que contra eles tentará o neoliberalismo, talvez vestido com novas roupas com as quais pretenda dissimular suas imperfeições e misérias.

Propomos uma legislação trabalhista supranacional, que contenha normas plenamente operantes e imediatamente aplicáveis, para não repetir a triste experiência de nossos povos, de direitos e garantias constitucionais que se enunciam clamorosamente mas que jamais se tornam realidade.

A Carta Sociolaboral Latino-americana deverá consagrar o direito a um emprego digno como um direito humano fundamental. Um sistema de economia capitalista de acumulação privada oferece um só caminho àqueles que não são titulares dos meios de produção para aceder ao consumo de sobrevivência: o aluguel de sua força de trabalho para obter uma remuneração, que posteriormente possa trocar por bens e serviços. Isto significa que, por um lado, o trabalhador encontra-se cativo do sistema e, por outro lado, que ele só pode aspirar um mínimo de legitimidade social se é garantido a todos os trabalhadores um emprego com remuneração digna.

O ordenamento jurídico, que pretende ser um sistema de organização social justo e de convivência pacífica, deverá, por consequência, garantir a todos os trabalhadores um emprego estável que lhes possibilite ter um projeto de vida, ou seja, a possibilidade de construir um plano de vida que lhes permita pensar, a partir de solo firme, em um futuro sentido como esperança.

Desta premissa, desprendem-se vários direitos trabalhistas que, repetimos, são direitos humanos fundamentais. Em primeiro lugar, o direito ao trabalho, que compreende o direito a não ser privado dele sem justa causa. Em segundo lugar, a garantia de percepção da remuneração, da qual se deriva a obrigação de todos os que na cadeia produtiva se beneficiam com o trabalho alheio, de responder solidariamente diante da falta de pagamento. Isso sem prejuízo da obrigação dos Estados de criar fundos especiais para cobrir uma eventual insolvência patronal. Uma remuneração digna, por outra parte, não é só aquela que permite ao trabalhador cobrir suas necessidades e as de sua família, mas que também contempla uma crescente participação na riqueza que o trabalho humano gera.

Mas todos estes direitos seriam uma mera fantasia se não se garante aos trabalhadores a possibilidade de organizar-se para defendê-los. Para isso, a legislação deve assegurar-lhes a liberdade de associação e a democracia interna. Sindicatos fortes e dirigentes sindicais autenticamente representativos, democraticamente eleitos, e que sejam a correia de transmissão das demandas de suas bases e não porta-vozes dos poderes constituídos, são a única garantia da efetividade dos direitos trabalhistas. Os representantes sindicais deverão gozar da tutela necessária para o exercício de seus mandatos, sem temor a represálias que possam afetar seu emprego ou suas condições de trabalho. Ademais, deverá ser desacreditado todo tipo de discriminação ou sanção contra qualquer trabalhador ou ativista sindical, em razão do exercício legítimo de seus direitos gremiais.

Lamentavelmente, observamos que em muitos dos países latino-americanos são violadas sistematicamente as Convenções ns. 87, 98 e 102 da OIT, sobre liberdade sindical, contratação coletiva e seguridade social. O México é um claro exemplo disso. O poder político e o poder econômico, mediante práticas que podemos qualificar de mafiosas, tentam evitar que os trabalhadores possam constituir livremente suas organizações e eleger dirigentes autenticamente representativos. Na Colômbia, a situação é ainda pior, e a vida e a liberdade dos ativistas sindicais não vale nada.

É neste marco que a Associação Latino-americana de Advogados Laboralistas propõe ao movimento trabalhador e a todos os governos latino-americanos a aprovação de uma Carta Sociolaboral Latino-americana, que contenha, entre outros, os seguintes direitos e garantias:

1) Livre circulação de pessoas no espaço comunitário sem discriminação em razão da nacionalidade e com igualdade de direitos;

2) Relações trabalhistas democráticas e sem discriminação de qualquer tipo, de maneira tal que o trabalhador, cidadão na sociedade, também o seja na empresa;

3) Direito à verdade, e de informação e consulta, em todos os temas relativos à vida da empresa, que possam afetar aos trabalhadores;

4) Direito a um emprego estável, e proibição e nulidade da dispensa arbitrária ou sem causa;

5) Direito a um trabalho digno e de qualidade que, no mínimo, responda às pautas da Organização Internacional do Trabalho;

6) Direito a uma retribuição digna, que cubra todas as necessidades do trabalhador e de sua família e que, ademais, leve em conta os benefícios obtidos pelo empregador;

7) Direito a uma real e efetiva jornada limitada de trabalho. Os Estados deverão exercer com a energia necessária e com os meios adequados seu Poder de Polícia Laboral, para evitar toda transgressão aos limites horários máximos de trabalho;

8) Direito à formação e capacitação profissionais;

9) Direito à Seguridade Social, que cubra as necessidades vitais do trabalhador e de sua família, frente às contingências sociais que possam afetar suas rendas econômicas. A Seguridade Social deve ser função indelegável do Estado, pelo que deverá reverter-se o processo de privatização que sofreram nossos países na década de 1990;

10) Institucionalização de uma Renda Básica Cidadã, como direito de cada pessoa, sem importar sua raça, sexo, idade, condição civil ou social, de receber uma renda para atender a suas necessidades vitais;

11) Direito à efetiva proteção da saúde e da vida do trabalhador, diante dos riscos do trabalho. A gestão do sistema de prevenção e reparação dos danos causados pelos acidentes de trabalho não poderão estar nas mãos de operadores privados que atuem com finalidade lucrativa;

12) Direito à organização sindical livre e democrática;

13) Direito à negociação coletiva, nacional e transnacional;

14) Direito de greve, compreendendo as diversas formas de pressão e protesto, e sem restrições regulamentares que o limitem ou anulem;

15) Proteção trabalhista real e efetiva para os trabalhadores ligados ao serviço doméstico e ao trabalho agrário;

16) Garantia de cobrança dos créditos trabalhistas, estabelecendo-se a responsabilidade solidária de todos os que na cadeia produtiva se aproveitam ou beneficiam da força de trabalho assalariada;

17) Criação de Fundos que cubram os casos de insolvência patronal;

18) Garantia de uma Justiça especializada em Direito do Trabalho, com um procedimento que recepcione o princípio da proteção;

19) Tutela para os representantes e ativistas sindicais contra qualquer represália que possa afetar sua família, seu emprego ou suas condições de trabalho;

20) Princípio da progressividade, que significa não somente a proibição do retrocesso social, mas o compromisso dos Estados de alcançar progressivamente a plena efetividade dos direitos humanos trabalhistas.

Nossa proposta não é uma utopia. É o desafio de navegar com esperança, ainda em meio a um mar tormentoso, para a integração latino-americana; para a Pátria Grande com a qual sonharam os heróis das lutas pela independência. Luta que não terminou e que nos encontra na primeira linha de frente, da batalha pela emancipação de nossos povos.

Cidade do México, 23 de outubro de 2009.

1. Livre Circulação de Pessoas no Espaço Comunitário, sem Discriminação em Razão da Nacionalidade e com Igualdade de Direitos

Direito a Migrar e Direito ao Trabalho[*]

Oscar Ermida Uriarte

I. Introdução

A Associação Latino-americana de Advogados Laboralistas (ALAL) pretende impulsionar um efetivo processo de integração social, econômica e política na América Latina. Para isso, propõe ao movimento sindical e aos governos da região a aprovação de uma Carta Sociolaboral Latino-americana, que contenha um piso mínimo de direitos e garantias para todos os trabalhadores dos países envolvidos.

Neste marco, é claro que o primeiro direito a reconhecer é o de migrar pelo espaço comunitário e gozar de igualdade de trato em relação aos trabalhadores locais.

As migrações laborais foram encaradas pelo Direito desde três pontos de vista diferentes e, em grande medida, contraditórios. Segundo um deles, o trabalho é

(*) A base deste trabalho é um artigo publicado no Observatório de Política Pública de Direitos Humanos no Mercosul (*As migrações humanas no Mercosul. Um olhar a partir dos direitos humanos. Compilação normativa.* Montevidéu, 2009. p 27-33).

considerado como fator de produção e, nesta condição, é enquadrado na livre circulação. O segundo enfoque leva em conta o trabalhador como tal e o trabalho como um direito da pessoa, com o qual o marco jurídico aplicável é o dos direitos humanos. O terceiro ponto de vista é, poder-se-ia dizer, o policial ou aduaneiro, que gira em torno das permissões de ingresso e permanência em território nacional; este enfoque é de nível jurídico infinitamente inferior mas, no geral, é o que — ainda hoje — termina prevalecendo nos fatos.

A visualização das migrações laborais como a mobilidade de um dos fatores da produção é, obviamente, uma perspectiva econômica ou comercial, que trata o trabalho humano como uma mercadoria. Só neste enfoque tem sentido que a livre circulação dos trabalhadores não seja vista como parte da liberdade de movimento (uma das primeiras liberdades individuais), mas como parte de um "pacote" ou "combo" composto pela livre circulação de capitais, a livre circulação de mercadorias, a liberdade de estabelecimento e a livre circulação de serviços, à qual se agrega, quase como um vagão, a livre circulação de trabalhadores. Esta última liberdade acaba sendo tão secundária neste enfoque que, nas diversas experiências de integração regional, sobreveio posteriormente às outras (União Europeia) ou ainda não foi plenamente reconhecida (Mercosul).

Contudo, inclusive dentro deste enfoque econômico ou comercial, mas desde a perspectiva do trabalhador individual, a emigração é a última defesa pessoal e isolada contra o desemprego, a pobreza ou a exclusão[1] e a estratégia final de busca de trabalho. Com efeito, normalmente não se emigra em busca de trabalho para ganhar dez ou vinte por cento mais, mas por uma imperiosa necessidade de sobrevivência, exceção feita, está claro, dos que o fazem com excelentes condições de contratação já pré-definidas; mas não são estes que preocupam desde o ponto de vista social, nem econômico, nem político. A mão de obra é naturalmente assentada e só rompe com essa característica por uma forte necessidade. Por trás de toda emigração laboral há uma necessidade imperiosa.

Daqui se extraem duas conclusões sobre a superficialidade e insuficiência jurídica do tratamento das migrações laborais desde a perspectiva da livre circulação econômica. *Por um lado*, o direito à livre circulação só é exercido realmente como liberdade se dadas certas condições de vida mínimas no país de origem. Do contrário, é um ato forçado. Se não se derem aquelas condições, a chamada liberdade de circulação não é exercida como liberdade. *Por outro lado*, a migração laboral numerosa ou massiva revela o fracasso, a ineficácia ou a violação dos direitos sociais — e em especial do direito ao trabalho — no país de acolhida.

Isto desloca o tratamento da questão à esfera do direito ao trabalho e das condições de trabalho nos países de origem (causa da migração laboral) e a dos direitos humanos ou direitos da pessoa (liberdade de movimento, direito ao trabalho e não discriminação, entre outros).

---

(1) NICOLIELLO, Nelson. *La desocupación y el llamado seguro de paro.* Montevidéu, 1971. p. 8.

II. A MIGRAÇÃO LABORAL COMO DIREITO DA PESSOA

A migração laboral, isto é, a migração em busca de trabalho, é um direito da pessoa — o direito a migrar — que se funda em outros direitos humanos ou fundamentais amplamente reconhecidos: o direito à vida, o direito ao trabalho, o direito a não ser discriminado e a liberdade de movimento.

1. NATUREZA JURÍDICA DO DIREITO A MIGRAR

A doutrina europeia começou a ocupar-se deste direito ou liberdade no marco dos estudos sobre a integração econômica regional. Assim, apresentou-se como uma espécie da liberdade de movimento[2] ou como parte do princípio de não discriminação[3]. Não há dúvidas de que ambos conceitos são corretos. Por um lado, é perfeitamente pertinente identificar a existência de uma relação de gênero e espécie entre a liberdade de movimento e o direito a migrar por razões trabalhistas. Por outro, e como se verá mais amplamente, está claro que o direito a migrar para trabalhar supõe a não discriminação entre nacionais e estrangeiros.

Mas esta visão, fortemente influenciada pela construção de um mercado comum, é parcial e portanto insuficiente. Só atende ao aspecto econômico regional. Em troca, se o direito a migrar é um direito humano, então toda pessoa é titular do direito a migrar, portanto não pode ficar confinado em um determinado espaço de integração regional. Este pode — e deve — reconhecê-lo, claro, mas não pode reduzi--lo a seus confins.

A universalidade do direito a migrar deriva, claramente, de sua condição de direito fundamental, que dada sua natureza não pode ficar limitado a determinada nacionalidade, cidadania, domicílio ou residência. Como se verá a seguir, várias normas internacionais reconhecem este direito a "toda pessoa".

Mas ademais, desde a perspectiva do Direito do Trabalho, acresceu-se que nesta matéria o que prima é o fato do trabalho, verificado o qual, aplica-se plenamente todo o estatuto protetor. "A condição material do gozo dos direitos trabalhistas e sociais é dada precisamente pelo trabalhar... É o trabalho que permite ter acesso a esse conjunto de direitos... e, por conseguinte, o fato de desempenhar uma atividade produtiva e profissional, é o que nos permitiria situar-nos em um espaço de direitos que não podem ser confiscados com base no pertencimento a uma nação ou do tempo no qual se desenvolveu a presença das pessoas nesse território nacional. O trabalho, que se desloca através das fronteiras, é o elemento a partir do qual construir um novo universalismo dos direitos da pessoa que

---
(2) MELGAR, Alfredo Montoya; MORENO, Jesús Galiana; NAVARROS, Antonio Sempere. *Instituciones de derecho social europeo*. Madri, 1988. p. 72.
(3) COLINA, Miguel; RAMÍREZ, Juan; FRANCO, Tomás Sala. *Derecho social comunitário*. Valencia, 1991. p. 71 e ss.

trabalha"[4]. A primazia da realidade, própria do Direito do Trabalho, leva a reconhecer todos os direitos trabalhistas à pessoa que trabalha, onde quer que esteja, levado em conta, ademais, o caráter de direitos humanos que ostentam muitos (a maior parte) dos direitos do trabalhador.

Mas é que ademais, em última instância, o direito a migrar deriva do direito ao trabalho[5].

O direito ao trabalho está reconhecido com caráter universal e a toda pessoa pelos pactos e declarações de direitos humanos. Assim, por exemplo, o art. 23.1 da Declaração Universal de Direitos Humanos estabelece que toda pessoa tem direito ao trabalho. O art. 6.1 do Pacto Internacional de Direitos Econômicos, Sociais e Culturais dispõe: "Os Estados-parte... reconhecem o direito a trabalhar"[6]. O "direito ao trabalho" é também reconhecido pelo art. 6.1 do Protocolo de San Salvador. Mais enfaticamente, o art. 11.1.a da Convenção sobre a eliminação de todas as formas de discriminação contra a mulher reconhece "o direito ao trabalho como direito inalienável de todo ser humano", e o art. 11.2 postula assegurar à mulher "a efetividade de seu direito a trabalhar". No marco da OIT, o art. 1º da Recomendação n. 169 sobre a política de emprego define-a como "um meio para obter na prática o cumprimento do direito a trabalhar".

Este reconhecimento do direito a trabalhar, no marco do Direito dos direitos humanos, inclui sua atribuição a toda pessoa e não somente àqueles que possuem determinada nacionalidade, cidadania, domicílio ou residência.

Ademais, o direito ao trabalho supõe o direito de acesso ao emprego que, ainda que possa significar o direito a exigir um posto de trabalho determinado, inclui indiscutivelmente a não discriminação nas possibilidades de acesso.

Enfim, desde o ponto de vista dogmático, o direito a migrar é um direito humano derivado do direito ao trabalho reconhecido a toda pessoa nos grandes pactos e declarações de direitos humanos. Também se funda no princípio da não discriminação, assim como no direito a ter acesso ao gozo de outros direitos fundamentais, como o direito à vida, à saúde, à educação etecetera.

2. O RECONHECIMENTO DO DIREITO A MIGRAR NAS NORMAS INTERNACIONAIS

Em conformidade com o fundamento doutrinário do direito a migrar, este vem sendo reconhecido expressamente nas normas internacionais de direitos humanos ou nas interpretações dos órgãos internacionais competentes.

---

(4) Inmigración y ciudadanía. Un espacio universal de derechos. *Revista de Derecho Social-Latinoamericana*, n. 3, Buenos Aires, p. 5-9, esp. p. 9, 2007.

(5) E até de outros direitos humanos, como o primeiro dos direitos humanos, o direito à vida, levado em conta o caráter de luta pela subsistência que normalmente anima a migração trabalhista, o direito à saúde, à educação etc.

(6) Norma sobre a qual recaiu a muito importante observação geral 18 do Comitê de Direitos Econômicos, Sociais e Culturais da ONU.

Com efeito, a Convenção internacional sobre proteção dos direitos de "todos" os trabalhadores migrantes (ONU, 18 de dezembro de 1990), refere-se muito significativamente a *todos* os migrantes trabalhistas, o que inclui, por certo, os indocumentados.

É certo que se sustentou que aqui — e em outras normas — é reconhecido um "direito a emigrar", ou seja, a sair, mas não um "direito a imigrar", isto é, a ingressar em um determinado território nacional. Um direito a emigrar sem um correlativo direito a imigrar pareceria ser, ao menos, um contrassenso. Sair de um território sem poder entrar em outro significaria ficar em um limbo real: as águas internacionais, o espaço aéreo?

Esta suposta diferença entre o direito a emigrar e os direitos do imigrante apresenta-se também sob a forma da pretensa confrontação entre o direito a emigrar e a soberania do Estado receptor.

Na verdade, as mais elementares exigências de lógica jurídica levam a sustentar que poder-se-ia discutir a existência de um direito a emigrar, mas que uma vez aceita, o direito a emigrar supõe o direito a imigrar. Daí que prefiramos falar, em forma genérica, do direito a migrar. O outro — distinguir o direito a emigrar do direito a imigrar — é uma segmentação artificiosa. Tratar-se-ia de separar as duas caras de uma mesma moeda. Seria o mesmo que reconhecer o direito a cobrar o salário mas negar a obrigação de pagá-lo. Se há um direito a migrar, inclui tanto o ato de emigrar como o de imigrar.

Assim emerge, ademais, de um importante pronunciamento da Corte Interamericana de Direitos Humanos.

Com efeito, na opinião consultiva 18-03, a Corte Interamericana de Direitos Humanos passa por alto esta questão emigração-imigração para centrar-se no princípio da igualdade.

O pronunciamento da Corte contém, entre outros, os seguintes critérios definidores:

 a) O princípio da igualdade é parte do *ius cogens* e portanto aplicável a todo Estado, independentemente de que seja parte ou não em determinado tratado internacional (§ 4º da decisão); é imperativo e gera efeitos também perante terceiros, inclusive particulares (§ 5º da decisão).

 b) A obrigação estatal de respeitar e garantir os direitos humanos é independente de qualquer circunstância ou consideração, "inclusive o *status* migratório das pessoas" (§ 6º da decisão).

 c) "O migrante, ao assumir uma relação de trabalho, adquire direitos por ser trabalhador, que devem ser garantidos "independentemente de sua situação regular ou irregular no estado do emprego. Estes direitos são consequência da relação laboral" (§ 8º da decisão).

d) "Os trabalhadores migrantes indocumentados possuem os mesmos direitos trabalhistas que correspondem aos demais trabalhadores do Estado do emprego" (§ 10 da decisão).

e) "Os Estados não podem subordinar ou condicionar a observância do princípio da igualdade perante a lei e de não discriminação, à consecução dos objetivos de suas políticas públicas..., incluídas as de caráter migratório" (§ 11 da decisão).

É muito claro que, para a Corte, o trabalhador migrante tem os mesmos direitos que o local, entre outras coisas, a partir do princípio de igualdade e de geração de direitos trabalhistas pelo fato do trabalho.

III. O CONTEÚDO DO DIREITO A MIGRAR

Aceita a existência do direito, é necessário tratar de definir seu conteúdo, para o que tomaremos como referência as normas da União Europeia, da OIT e do Mercosul. Em todo caso, convém destacar desde já que o princípio da igualdade de tratamento joga aqui um papel de destaque, ainda que não exclusivo.

1. As normas da União Europeia

A normativa comunitária europeia parte da liberdade de movimento e inclui o direito de acesso ao emprego em igualdade de condições (por exemplo, não se admitem as cotas reservadas aos nacionais) e com as mesmas condições de trabalho. Incluem-se, também, o direito de instalação da família e o direito de informação sobre as ofertas de emprego. Mas tudo isto é circunscrito pela normativa europeia ao âmbito intracomunitário, ou seja, às migrações internas entre cidadãos dos países membros da União, enquanto que, como conteúdo de um direito humano, deveria alcançar sem distinções a todos os trabalhadores extracomunitários, com base no mesmo princípio de igualdade e não discriminação.

Um significativo passo adiante nesta correta direção foi dado pelo Tribunal Constitucional da Espanha em suas sentenças ns. 236/2007, de 7 de novembro de 2007 e 259/2007, de 19 de dezembro do mesmo ano. Nelas, declara-se a inconstitucionalidade de uma lei orgânica sobre direitos e obrigações dos estrangeiros, por excluir do exercício de alguns direitos fundamentais (como o direito de reunião e de liberdade sindical) os estrangeiros que não possuem autorização de permanência ou residência. É que os direitos fundamentais em questão são próprios da dignidade humana e, consequentemente, essenciais à pessoa, não somente ao cidadão ou residente.

No entanto, o Tribunal Constitucional admite condicionamentos do exercício de tais direitos para os estrangeiros (chega, inclusive, a admitir sua expulsão), mas entende que tais condicionamentos não podem afetar o conteúdo essencial dos direitos e acresce que nos casos analisados abertamente se negava *in totum* seu exercício.

Para o Tribunal, os migrantes irregulares até podem ser expulsos, mas enquanto estejam trabalhando devem fazê-lo em igualdade de condições com os nacionais. Em nossa opinião, este ponto supõe uma inconsequência produto de, por um lado, acolher o conceito trabalhista de que a relação de trabalho gera todos os direitos laborais, mas por outro fazer prevalecer os regulamentos policiais de admissão de estrangeiros, incluída a possibilidade de expulsão, contra normas claramente superiores como são as de direitos humanos. Não tem sentido, em nossa modesta opinião, reconhecer todos os direitos a quem já está trabalhando — ainda que irregularmente —, mas negar-lhe o direito que gera estes direitos, que é o direito ao trabalho.

Enfim, nestes casos, o Tribunal Constitucional espanhol dá um de dois passos de gigante, absolutamente fundamentais: reconhece todos os direitos trabalhistas a todo migrante que está trabalhando, ainda que seja irregularmente. Mas não dá outro passo necessário, que é o de reconhecer o direito ao trabalho do migrante irregular. É como dizer-lhe: "O senhor não pode entrar, mas se consegue fazê-lo e conseguir um trabalho aqui, lhe reconheceremos todos os direitos em igualdade de condições com os trabalhadores regulares. Claro que poderemos expulsá-lo de imediato". Parece indispensável superar esta incongruência.

2. As normas da OIT

Existe um significativo elenco de normas internacionais do trabalho emanadas da OIT sobre trabalhadores migrantes[7], particularmente úteis para a configuração do conteúdo de seus direitos. Deste conjunto normativo, surgem o direito a receber informação e assessoramento, facilidades para a saída do país de origem, viagem e recepção no país de acolhida, o acesso a serviços médicos, o direito à transferência de fundos, à importação e exportação de pertences pessoais, à igualdade de condições de trabalho, à seguridade social, ao exercício dos direitos sindicais e culturais, etecetera.

Mas tudo isto — que constitui um verdadeiro estatuto do migrante — reconhece-se aos migrantes legais, que é o mesmo que dizer que o exercício de tais direitos está subordinado a um ato administrativo de admissão, o que é inadmissível se efetivamente existe um direito humano a migrar.

---

(7) Convenções Internacionais do Trabalho ns. 97 e 143, sobre trabalhadores migrantes; Recomendações ns. 86 e 151 sobre o mesmo assunto; Convenções Internacionais do Trabalho ns. 118 e 157 sobre seguridade social, e Recomendação n. 100 sobre proteção de trabalhadores migrantes em territórios insuficientemente desenvolvidos.

3. A DECLARAÇÃO SOCIOLABORAL DO MERCOSUL

Importa aqui fazer referência ao art. 4º da Declaração Sociolaboral do Mercosul, com referência aos trabalhadores migrantes e fronteiriços. Em conformidade com esta disposição, "todo trabalhador migrante[8], independentemente de sua nacionalidade, tem direto a ajuda, informação, proteção e igualdade de direitos e condições de trabalho reconhecidos aos nacionais". Até aqui trata-se de uma norma impecável que alinha-se com a melhor doutrina.

A referência posterior ("em conformidade com as regulamentações profissionais de cada país") poderia fazer pensar em um condicionamento à legislação nacional de migrações. Mas não é assim, por duas razões. Em primeiro lugar, porque quando as declarações internacionais de direitos reconhecem um direito e logo remetem à legislação nacional, nunca se pode interpretar que esta possa contradizer o conteúdo essencial do direito já reconhecido. E, em segundo lugar, pela razão do artilheiro: este trecho do art. 4º da Declaração Sociolaboral do Mercosul não remete à legislação nacional em geral, mas "às regulamentações profissionais de cada país", ou seja, aos regulamentos de habilitação técnica para o exercício das diversas profissões ou ofícios.

4. O PRINCÍPIO DA IGUALDADE DE TRATAMENTO, O DA PRIMAZIA DA REALIDADE E O DIREITO AO TRABALHO

De tudo até aqui exposto, o princípio da igualdade de tratamento emerge como chave de abóboda de todo o sistema, a tal ponto que, como já dito, as sentenças do tribunal Constitucional espanhol admitem, por um lado, a proibição do contrato de trabalho do migrante irregular e até sua expulsão, mas por outro dispõem que, enquanto esteja trabalhando, goza de todos os direitos fundamentais em igualdade de condições com os nacionais.

A rigor, como também foi dito, mais além ou ademais do princípio da igualdade, opera aqui o que em Direito do Trabalho latino-americano — agora também universalmente, a partir da Recomendação n. 198 da OIT sobre a relação de trabalho (2006)[9] —, denomina-se "trabalho como fato" (De Ferrari), "contrato-realidade" (De la Cueva) ou "primazia da realidade" (Plá Rodriguez), que se expressa na já citada ideia do "trabalho gerador de direitos"[10].

O que ao contrário parece insatisfatório é que esse reconhecimento pleno do princípio da igualdade e da primazia da realidade se dê somente quando o migrante

---

(8) Não diz "dos Estados-parte", pelo que não seria uma norma "intrarregional", mas alcança aos trabalhadores "extramercosulistas".

(9) La recomendación de la OIT sobre la relación de trabajo (2006). *Revista Derecho Laboral*, Montevidéu, t. XLIX, n. 223, p. 673 e ss., 2006.

(10) *Inmigración y ciudadanía...*, cit., p. 7-9.

já está trabalhando. O direito ao trabalho, direito humano universal irrestrito, não é somente o direito a gozar de condições de trabalho decentes e a conservar o emprego, mas inclui também o direito de acesso ao emprego em igualdade de condições com os nacionais ou residentes. Do mesmo modo, o princípio da igualdade de tratamento não alcança somente as condições do trabalho que já se têm, mas inclui a igualdade e a não discriminação no acesso ao emprego.

Mas também está claro que tudo isto desemboca, finalmente, na necessária superação da cidadania, da nacionalidade, do domicílio ou da residência como condição atributiva de direitos fundamentais, para serem substituídos pela condição de pessoa, única condição de titularidade de direitos humanos[11].

Se efetivamente este é um tema de direitos humanos trabalhistas, estamos diante de um assunto de competência sindical. As já referidas sentenças do Tribunal Constitucional espanhol sublinham a essencialidade ou, pelo menos, a importância da ação sindical nesta matéria.

No entanto, nem sempre aflora a solidariedade dos sindicatos nacionais dos países receptores com os trabalhadores imigrantes, que com frequência continuam sendo vistos como "competidores desleais" por um emprego escasso, que vêm a deteriorar as condições de trabalho.

De seu lado, a ação sindical nacional reflete algumas contradições mais ou menos inevitáveis. Às vezes, pôde se apreciar reações que, analisadas com severidade, poderiam parecer próximas à xenofobia; muitas vezes, a defesa e assistência aos migrantes indocumentados ficam a cargo de organizações não governamentais, por causa de certa passividade ou insensibilidade sindical? Em outras oportunidades, ao contrário, registraram-se ações francamente solidárias.

IV. CONCLUSÕES

1. As migrações trabalhistas são objeto de três enfoques jurídicos diferentes e em boa medida contraditórios.

Por um lado, são enquadradas na livre circulação de fatores de produção.

Por outro, são localizadas no plano dos direitos humanos trabalhistas e das liberdades públicas: direito ao trabalho, à igualdade de tratamento e à liberdade de ir e vir.

Finalmente, especialmente em nível interno, são objeto de regulamentações aduaneiras e policiais de controle de ingresso no território nacional.

2. A partir deste enfoque policial ou aduaneiro, quase todos os países limitam ou estimulam o direito dos estrangeiros a imigrar, segundo suas circunstanciais

---

(11) Trabajo, ciudadanía y derechos humanos. *Revista eletrônica IusLabor,* n. 2, Barcelona, 2006. Disponível em: <www.upf.edu>.

conveniências ou necessidades econômicas ou policiais. No entanto, da análise dos pactos e declarações de direitos humanos, pareceria emergir um direito a migrar, intimamente vinculado com o direito ao trabalho, que inevitavelmente se localizaria por cima de tais medidas legais ou administrativas, quando estas são restritivas.

3. Enfocada no marco do livre comércio, a livre circulação de trabalhadores só funciona como um ato de liberdade se no país de saída existem direitos sociais vigentes e eficazes. Do contrário, a emigração é um ato forçado.

Ademais, enquanto instrumento de comércio internacional, a livre circulação de trabalhadores só pode se dar racionalmente em medidas, extensão e intensidade dirigíveis ou "governáveis", entre países que cumpram determinados níveis de proteção social. Do contrário, as "invasões" são inevitáveis, porque salvo aquelas situações excepcionais e não preocupantes (o técnico qualificado, o científico, o artista, o desportista ou o pessoal de alta direção), a emigração supõe o fracasso da proteção social no lugar de origem. A emigração trabalhista é a última estratégia individual contra o desemprego, a pobreza e a exclusão. Portanto, a única tática viável a longo prazo é a melhora das condições de vida e de trabalho nos países menos desenvolvidos.

4. No marco do Direito do Trabalho, e muito mais amplamente no do Direito universal dos direitos humanos, a migração trabalhista é o exercício da liberdade de ir e vir, para o gozo do direito ao trabalho e do princípio da igualdade. Trata-se do direito a migrar para trabalhar em igualdade de condições com os nacionais do país de destino.

Liberdade de ir e vir, direito ao trabalho e princípio da igualdade é o conjunto de direitos fundamentais que conformam e fundamentam o direito a migrar, que tampouco é alheio à perseguição de outros direitos, menos próximos mas tanto ou mais essenciais: o direito à vida, à saúde, à educação, entre outros.

Ademais, os direitos do trabalhador migrante derivam de sua condição de pessoa humana (de pessoa que trabalha ou que procura exercer seu direito a trabalhar), e não de sua nacionalidade, cidadania ou residência.

5. Por todo o exposto, um autêntico processo de integração latino-americana, que supere essa visão mercantilista que o reduz a um pacto sobre tarifas ou barreiras aduaneiras, ou à criação de um bloco econômico regional, necessariamente deve reconhecer aos trabalhadores a livre circulação pelo espaço comunitário, com idênticos direitos trabalhistas e previdenciários, sem discriminação em razão da nacionalidade.

2. Relações Trabalhistas Democráticas e sem Discriminação de Qualquer Tipo, de Maneira tal que o Trabalhador, Cidadão na Sociedade, também seja Cidadão na Empresa

O Trabalhador, Cidadão na Empresa

David Duarte

Em toda relação trabalhista, joga-se uma relação de poder, e sua regulação heterônoma destina-se a frear este poder, colocando-lhe limites, a fim de evitar o abuso do poder empresarial para que esta relação seja civilizada. O centro de imputação jurídica desde o início do Direito do Trabalho foi o contrato, como figura conhecida que dava respostas necessárias para este vínculo. A lei tentou harmonizar as assimetrias desse vínculo caracterizado pela dependência. Situação de submissão caracterizada por uma relação econômica na qual um põe o dinheiro e o outro, seu corpo. O primeiro pretende incrementar o capital, maximizando os ganhos; o outro, necessita só uma parte para cobrir suas necessidades vitais, entre as quais se encontram as que demandam este físico que aporta para a maximização do capital do outro, a energia do trabalho. Aparecem dois elementos estruturais que são a subordinação e a necessidade de proteção psicofísica da pessoa que trabalha. Tais características demandam proteção desde o exterior do contrato. Se não existe a norma protetora imperativa heterônoma, só haverá a vontade unilateral do empregador que se impõe. Este poder do empresário empregador, quase feudal em tempos de flexibilidade ou desregulamentação, só desencadeia abuso. Este atributo que tem uma parte dos particulares e que contam com decisões relevantes com incidências sociais não se colocou em questão, como se questionou o poder político. É quase generalizado no terreno político estabelecer limites. O autoritarismo no exercício político é questionado e já não há quem o justifique, ao menos seriamente. No entanto, o poder empresarial não teve o debate social necessário, em termos de relações de poder, a fim de que os vínculos resultem ao menos mais racionais ou, se preferir, mais civilizados.

O poder desenfreado gera situações de violência laboral que excedem o conceito de um mero descumprimento contratual ou da desobediência à lei, para situar-se no terreno quase delitivo. O dano concreto ao ser humano que trabalha submisso a este poder empresarial, que obriga a trabalhar em excesso da jornada, ou sem os elementos de segurança e higiene adequados, entre outros abusos, provoca situações socialmente reprováveis. Em tal hipótese, não basta sancionar um descumprimento contratual ou a violação da lei, mas um ilícito que deve contar com instrumentos não somente punitivos mas também preventivos, pois não se trata de perseguir empresários mas de evitar que o ser humano que trabalha sofra situações de violência laboral, como pode ser a discriminação, e que pelo simples fato de ser trabalhador fique despojado dos direitos com que contam todos os cidadãos.

Então, trata-se de democratizar esta relação de poder empresarial, a fim de buscar relações civilizadas. Quando se fala de violência laboral, e dentro desta dos casos de discriminação, devemos assumir de que não se trata de dar respostas somente com formas de reparação pecuniária, como única ferramenta destinada a dar solução a esta problemática, mas tomar consciência do problema e que o maltrato que sofre um trabalhador é o maltrato de toda uma sociedade que se diz civilizada. O pagamento não soluciona, porque aquele que mais tem, mais possibilidades terá de gerar violência e a partir do poder que outorga o dinheiro, estamos fomentando-as para aqueles que têm riquezas. Portanto, trata-se de buscar formas democráticas que neutralizem este poder antes de gerar dano.

Por exemplo, na dispensa discriminatória, põe-se em jogo o tema da estabilidade no emprego. A violência laboral que se gera com a dispensa sem justa causa pode ter uma resposta pecuniária, mas nunca será suficiente quando a pessoa, além de ter sido discriminada, fica sem emprego, e isto não é solucionado por uma indenização. Estas situações parecem estar invocando implicitamente uma proteção maior e mais efetiva que a simples reparação pecuniária, utilizada muitas vezes como resposta perante o dano provocado por um ato discriminatório. Qualquer resposta pecuniária expressa-se *ex post*. O agir abusivo do principal, qualificado como violência laboral, deve ser freado *ex ante*. Com a extinção do contrato e um pagamento como sanção não se freia o abuso, pelo contrário, ele é consagrado. Agrava-se a arbitrariedade, porque quando a conduta violenta forma parte do ato que deu fim à relação de trabalho produzem-se consequências injuriantes. Por um lado, a lesão pela ruptura arbitrária e, por outro, a afetação da dignidade humana pelo agir violento. A reparação pecuniária responderia ao primeiro dos casos, mas deixaria órfão o segundo, pois com o pagamento da tarifa indenizatória o flagelo ficaria mascarado, absorvido por aquele modo perverso.

Este simples ato que envolve duas situações deve ser fulminado com a nulidade por sua ilicitude, razão pela qual o ato que põe fim ao vínculo, apoiado em um ilícito, não pode ter efeitos jurídicos para conseguir a extinção da relação. Em uma relação que nasce econômica e juridicamente desequilibrada, se lhe é adicionada a violência laboral, não somente são afetados os termos do contrato, como são lesionados direitos personalíssimos do subordinado, que se encontram amparados por tratados internacionais que protegem a dignidade humana independentemente do âmbito contratual em que se encontre a pessoa afetada, pois o contrário convalidaria o ato viciado e não produziria a cessação do ato ilícito, mas sua confirmação, consolidação e consagração; extremos que não tolera o ordenamento jurídico civilizado em um Estado social e democrático de direito. O fato de as partes encontrarem-se vinculadas por um contrato de trabalho não deve colocar em situação pior a vítima do abuso.

Devemos esclarecer que quando os temas de violência laboral instalam-se no seio de uma relação de subordinação, manifesta-se uma das mais odiosas formas de poder, pois se aproveita, dentre outras coisas, do estado de necessidade da parte mais débil do vínculo. A difusão e notoriedade que alcançou nos últimos anos a chamada violência laboral parece ser uma característica dos novos tempos e alguns até dizem que está na moda. A questão passa pela maior e mais rápida informação à qual se acede e a tomada de consciência do problema. É por esta razão que entendemos que a melhor prevenção da violência laboral é uma regulação que a contemple e persiga, não somente para castigar penalmente o violento, senão também para reestabelecer a situação alterada e criar consciência a fim de que o vínculo laboral resulte em uma relação civilizada. Pois então seriam dois os trilhos por onde haveria que transitar: um pelo caminho do direito penal e outro pelo do direito do trabalho.

Na empresa, rege um poder que alguns creem até natural. Quando se tem domínio sobre outros com poucos limites, e com mais ímpeto lhe está reconhecido este poder legalmente, há maiores probabilidades de abuso. Nessa relação de submissão, de fato não existe equilíbrio entre as partes, nem sequer de direito, pois, por exemplo, o empregador com o instrumento da sanção disciplinar de sua parte possui uma ação de cumprimento do contrato que não tem o ser humano que trabalha.

O trabalhador não pode impor condições, não tem ações de cumprimento do contrato (*v. g.*, quando não lhe é pago o salário tempestivamente etc.). O amo e senhor deste espaço que é a empresa pertence ao empregador. Aí é onde deve intervir a norma laboral, e onde esta não aparece rege a unilateralidade patronal. Por isso, este poder deve ser democratizado, e a existência de violência laboral necessita ser neutralizada antes que cause dano; depois, já não é mais o mesmo, é outra coisa. Quando há certa estrutura vertical e não existe comunicação e informação horizontal e o trabalhador não se expressa coletivamente, com a força que isso significa, mas individualmente e em estado de solidão, é difícil que perceba que está sendo vítima de violência laboral, pois o perseguidor, na maioria das vezes, adota uma atitude solapada. Frente a isso, a única forma possível em que a vítima pode exigir direitos é dar-se conta de que tem um problema gerado por outro e que tem direitos que o amparam, mas para isso deve estar forte física e psicologicamente. Curvado seu espírito, não terá a suficiente integridade para reclamar por sua dignidade vulnerada.

Desde o primeiro tratamento hostil e até que apareçam os primeiros sintomas (manifestação do dano), passa-se por distintas etapas. É um processo, ou seja, não é de um dia para o outro. O perseguidor, na maioria das vezes, adota atitudes solapadas. Por exemplo, no caso do assédio psicológico ou *mobbing*, embora diferente do tratamento discriminatório, equiparam-se como forma de violência do poder empresário. Nos casos de *mobbing* passa-se muito tempo até que a vítima perceba sinais do que está lhe passando. Na maioria dos casos, aparece com ajuda profissional. Dificilmente a vítima pode elaborar sozinha que está sendo vítima de um perseguidor. Primeiro, vem uma etapa de depressão, a seguir um afastamento de amigos e familiares, depois um baixo rendimento, entrando em um círculo vicioso. Salvo se dadas circunstâncias propícias para evitar cair nas redes do perseguidor, o mais provável é que "este dar-se conta" manifeste-se quando as coisas saíram de seu rumo ou posteriormente à ruptura do contrato de trabalho, com o que já é tarde. É tempo perdido, porque se poderão buscar reparações, mas o dano está produzido e ficam cicatrizes, e as da alma doem para sempre. O dinheiro poderá mitigar a dor, uma sentença condenatória tranquilizará os espíritos, é o que se costuma fazer desde fora, mas para sustentar psicologicamente um julgamento, se necessita de muita força e apoio profissional (psicológico, a princípio e na medida em que não haja sintomas, porque neste caso haverá de recorrer a outro tipo de profissional médico).

No tratamento discriminatório também se compartilham algumas destas aberrações, mas é mais aberto, talvez porque tem maior difusão e percebe-se em seguida. Não obstante, padece de alguns vícios culturais arraigados em práticas autoritárias que custam ser aceitas como tratamento discriminatório. As vinculadas com a raça, o sexo, ou a preferência sexual, a nacionalidade, a religião ou idade, são as mais comuns e por sua difusão de fácil detecção e censura. A que apresenta maior resistência e debate são as vinculadas com questões políticas e associativas, pois são as mais reacionárias do poder e contam com um histórico nefasto. Basta recordar da Lei de Residência, que reprimia a ação sindical de princípios do século XX. Esta atitude reacionária manteve-se no tempo e projetou-se no seio da empresa, impedindo a abertura de um espaço de democratização da relação de poder. A via de solução é fomentar a informação e mais presença sindical na empresa e, portanto, maior participação nas decisões que se adotem nesse lugar. De fato, a maioria das situações de perseguição e tratamento discriminatório dão-se quando um trabalhador decide ter maior participação sindical e ativismo e isto gera reações violentas por parte do poder empresário.

Entendemos que existem algumas condutas que devem ser castigadas penalmente e outras, nem tanto. Por tal razão, deveria existir um tipo penal concreto que contemple os tipos de violência laboral. Em matéria penal, invertem-se os critérios interpretativos, no sentido da utilização do princípio *in dubio pro reo*. Quer dizer que, em caso de dúvida, estar-se-á a favor do imputado do delito e será mais difícil obter uma sentença penal sancionatória contra o empregador que violou um tipo penal. Essa diversidade pode converter em ineficaz a tutela penal da violência laboral. Enfim, seria conveniente que houvesse uma regulação expressa, que trate o tema laboral e também o penal, a fim de que se delimite o caso em um tipo penal concreto com o objetivo de evitar um desvio do instituto.

No que diz respeito à matéria trabalhista, a resposta indenizatória é insuficiente quando é posterior ao fato que produz o dano e as consequências são irreversíveis. Seria um passo importante a busca de meios técnicos que neutralizem a conduta abusiva antes que o dano seja produzido, mediante mecanismos de democratização das relações laborais, para que no espaço empresário haja maior comunicação e diálogo com participação do coletivo de trabalhadores, com meios de solução alternativos de conflitos, para evitar que nesse reduto se gerem problemas de abuso de poder, com boa informação a fim de preveni-los. Para isso, deve ser sancionada uma lei que delimite o conceito de violência laboral, com regras probatórias que estabeleçam presunções com consequências jurídicas, que preservem o vínculo laboral, deixando ao trabalhador a opção pela ruptura ou a reinstalação no posto de trabalho, ademais do direito à cobrança de uma indenização que repare a lesão sofrida independentemente se opta pela extinção do vínculo, a critério do trabalhador, além da possível sanção penal e o ressarcimento de danos e prejuízos. Ao mesmo tempo, gerando um espaço de representação sindical dentro da empresa, na qual qualquer decisão empresária deva contar com esta participação. Também uma distribuição mais igualitária das oportunidades de trabalho e dos fatores de produção, incluída a educação, entre os distintos grupos sociais, contribui a um maior crescimento econômico e a uma maior estabilidade política. A promoção da igualdade real de tratamento e de oportunidades no mundo do trabalho requer não somente a eliminação de regras ou procedimentos que discriminem, mas também exige a adoção de medidas proativas por parte do Estado e dos atores sociais para que ditos coletivos possam aproveitar, na prática, as oportunidades com que teoricamente se lhes brinda. Tudo isso acompanhado de uma profunda atividade de prevenção da violência do poder empresário e promoção do diálogo social, o que é função do Estado. Pois, como diz uma frase memorável de José Martí, "governar não é mais do que prever".

A Violência no Trabalho como Forma de Discriminação no Emprego

LYDIA GUEVARA RAMÍREZ

Com o intuito de fundamentar, em parte, dois direitos e garantias previstos no Modelo de Relações Trabalhistas para o século XXI da Carta Sociolaboral Latino-americana ("Relações trabalhistas sem discriminação e o direito a um trabalho digno e de qualidade que, no mínimo, responda às pautas da Organização Internacional do Trabalho"), decidimos assumir a responsabilidade de apresentar algumas reflexões e propostas com vistas à prevenção e redução, até chegar à erradicação, de todas as manifestações de violência no trabalho em nossos países, mas sobretudo da violência psicológica.

A primeira grande interrogação surge quanto às definições, já que a violência moral poderia nos conduzir para um conceito de violação dos direitos fundamentais da pessoa, que em uma relação de causa-efeito está estreitamente vinculada com a influência do meio ambiente laboral nos resultados produtivos do trabalhador afetado e que pode estar motivada por fatores de caráter organizacional, assim como também pela ação de fatores psicossociais vinculados à conduta humana.

Normalmente, somos sujeitos passivos de atos de violência e não notamos porque estamos acostumados a determinadas condutas que formam parte do atuar diário e nem nos ofendem nem nos preocupam. Mas quando no ambiente de trabalho há determinados espaços nos quais se produzem sintomas de mal-estar no pessoal, como resultado de ações dirigidas contra a intimidade, a honra, a imagem ou a própria dignidade da pessoa humana, devemos estar alertas para evitar que se desenvolva um ambiente de perseguição e de desrespeito pelo direito dos demais.

Todos necessitamos que se respeitem nossa intimidade e integridade física e psicológica, e que ninguém possa fazer uso nem abuso delas. O direito não pode estar alheio às condutas e comportamentos contrários ao estabelecido no regime interno e nas normas de caráter geral e interior da entidade, e ainda que não existam normas específicas que tutelem os direitos dos trabalhadores, nos armamos de princípios constitucionais e dos princípios do direito do trabalho para evitar que se ameace e cause dano a nosso bem-estar físico e mental.

Diz a OMS em seu Informe sobre a Violência, do ano de 2003, que violência é "o uso deliberado da força física ou o poder, seja em grau de ameaça ou efetivo, contra si mesmo, outra pessoa ou um grupo ou comunidade, que cause ou tenha muitas probabilidades de causar lesões, morte, dano psicológico, transtornos do desenvolvimento ou privações e atenta contra o direito à saúde e à vida da população".

A definição da OMS adentra nos fatores socioculturais e econômicos, e na idiossincrasia de cada povo. Por isso, é impossível com um só texto abarcar os problemas. Não pensa igual do "assédio moral" o trabalhador europeu e o trabalhador de qualquer país latino-americano, porque vivem situações diferentes além de possuírem distintos enfoques do problema. Há critérios controvertidos quanto ao assédio sexual, do qual considero que poderia ser a espécie do gênero assédio psicológico, quando este seja uma variante do primeiro utilizando o sexo como elemento de subjugação e de agressão, e quando o fim último que se persegue seja o ultraje à dignidade da vítima, sua humilhação e banalização e não gozar de um privilégio ou saciar um desejo, desfrutando de favores sexuais conseguidos por intimidação. Então, o assédio sexual é outra conduta dentro das violências no trabalho.

O entorno geográfico, cultural e socioeconômico influi muito, e me atreveria a dizer que não pensa agora qualquer trabalhador latino-americano da mesma forma que pensava há 10 anos, ou as populações de países integrados à colaboração nos marcos do ALBA, ou os norte-americanos depois do 11 de setembro, porque a situação política, econômica e social influi na forma de analisar os fenômenos.

A violência psicológica no trabalho encontra uma possível definição abarcadora dada pela OIT no "Repertório de recomendações práticas sobre a violência no lugar de trabalho no setor de serviços: uma ameaça para a produtividade e o trabalho decente", do ano de 2003, expressando que por violência no lugar de trabalho deve se entender "toda ação, incidente ou comportamento que se afaste do razoável mediante o qual uma pessoa é agredida, ameaçada, humilhada ou lesionada por outra no exercício de sua atividade profissional ou como consequência direta sua".

Chama a atenção que o Repertório antes mencionado esteja dirigido especificamente ao setor dos serviços, mas como tudo tem uma razão de ser, poderia se argumentar no crescimento deste setor, a partir da terceirização econômica e da terceirização trabalhista, pois atividades que antes eram realizadas em uma empresa como parte de sua razão social foram externalizadas, em "benefício de uma maior flexibilidade da organização do trabalho e da produção de bens ou serviços, com o que a entidade ocupa-se somente de suas atividades principais de seu objeto social e subcontrata as atividades de meio". (Assim justificam os chamados *think tanks* da administração empresarial).

A definição pode ser utilizada para as diferentes manifestações estruturais da violência laboral, seja física ou psicológica, com os agentes que a provocam, alguns devidos à organização do trabalho, outros ao ambiente geral e particular, ao uso e abuso de substâncias danosas para a saúde humana, e na maior parte dos casos devido à ação da conduta de outra pessoa e poderia ser aplicável a outros setores laborais, sejam industriais, agrícolas, das ciências da saúde e da educação[1], e igualmente ao setor público e ao privado.

No entanto, deixa uma brecha aberta, em nosso entender, que deve se fechar para intimidar condutas e comportamentos que, a partir da percepção pessoal e da cultura nacional, dos costumes e demais elementos supraestruturais, erigidos sobre uma determinada base econômica, não identifiquem o fenômeno. A violência física em relação ao uso de armas e instrumentos, assim como dependente do consumo de drogas, álcool e outras substâncias que modificam o comportamento de um indivíduo até convertê-lo em um perigo para o restante do coletivo trabalhista[2], pelos resultados daninhos à saúde, deixa marcas facilmente apreciáveis e portanto a prova é conseguida com a maior facilidade no momento de demonstrar seus efeitos em qualquer tipo de processo, seja administrativo, civil, penal, constitucional, trabalhista ou inclusive por ditame pericial e médico.

Mas a violência no trabalho, em geral, tem sua origem, em última instância, no descumprimento por parte do empregador de sua responsabilidade perante a segurança e a saúde no trabalho, permitindo a existência de fatores psicossociais e organizativos que constituem riscos no trabalho. Um elemento distintivo deste fator de risco está no uso excedido e abusivo do poder legítimo de direção que possui a autoridade administrativa. A diferença em suas manifestações no lugar de trabalho está nesse "uso do poder" quando se faz de forma organizada, controlada, de acordo com os regulamentos e a lei, e não de maneira arbitrária, excessiva e excedida. Provoca discriminação do afetado, ou seja, é um dos chamados motivos lesivos da dignidade humana, ocasiona danos tanto físicos como psicológicos que o conduz a solicitar sua baixa temporária com certificação médica de incapacidade para o trabalho, que altera sua saúde e o induz à chamada "espiral do *stress*".

Quanto à violência psicológica no trabalho, existem diferentes condutas em forma de coações e assédio psicológico, sem deixar de mencionar o maltrato, as humilhações, as perseguições, para analisar este tema cotidiano do mundo atual. A generalidade dos estudiosos e criadores da doutrina reconhecem além da perseguição, as ameaças, as ofensas verbais e gestuais, as intimidações e o amedrontamento, o silêncio deliberado baseado também no isolamento e falta de comunicação, a desproteção, a desigualdade laboral e salarial e o assédio sexual.

---

(1) Ainda que, ao final, tanto a ciência, a saúde como a educação são considerados setores dos serviços.
(2) Não há referência direta à violência física causada por agressões externas, como são os assaltos aos quais se veem submetidos em determinados postos de trabalho.

A OIT identifica sete setores de risco sem dividi-los pelo tipo de violência, seja física ou psicológica, mas pelas vítimas:

1. Trabalho frente ao público (os agressores são terceiros);
2. Trabalho solitário (terceiros e os próprios trabalhadores);
3. Custódia de recursos financeiros (violência de terceiros fundamentalmente);
4. Trabalho com pessoas com necessidades especiais de tratamento (ocasiona *burnout* e *stress*, seja no pessoal da saúde, assistentes sociais e outros);
5. Trabalho na docência (crianças e jovens com problemas de conduta, sujeitos de violência física fundamentalmente);
6. Setor da ordem interior, prisões, forças armadas;
7. Empregados do transporte público.

Para melhorar a tipificação jurídica e evitar confusões com outros fatores psicossociais e práticas violentas[3] no ambiente do trabalho, há que entrar nos elementos integrantes da violência psicológica:

- Maltrato de palavra ou ação, ou ambos ao mesmo tempo.
- Dirige-se contra um trabalhador, um subordinado, ainda que também possa ser contra outros colegas de trabalho ou inclusive contra um superior hierárquico, mas a regra é o uso excedido do poder de direção.
- É de caráter continuado e repetitivo.
- O maltrato e a perseguição podem ser intensos em um breve tempo sem a repetitividade da ação durante um tempo prolongado que possa causar danos irreparáveis à saúde.
- Como se baseia em um atuar deliberado, leva implícito o ânimo de provocar mal-estar, humilhação e ambiente hostil à vítima.
- Trata de desestabilizar um trabalhador e miná-lo emocionalmente.
- Pode conduzir a atos de violência física ou psíquica ao extremo.
- O trabalhador quase sempre teve até o momento um excelente desempenho ou se destaca por algumas qualidades de sua conduta.

---

(3) Há assédio físico, humilhações, vexações, maus-tratos de palavra e ação, vulneração de direitos, discriminação e, no entanto, por faltar alguns dos elementos antes mencionados, deixa-se de conceber como "assédio moral ou psicológico no trabalho".

- O habitual é que seja difícil, ou quase impossível, armar-se da prova para demonstrar os fatos[4] com vistas a apresentar a denúncia.
- Seu fim último é que o trabalhador renuncie a seu trabalho ou em última instância adscrever a conduta da vítima aos interesses do assediador.

A violência psicológica, que se conhece também como assédio moral, pode aparecer desde formas sutis e quase imperceptíveis (somente para a vítima) até se manifestar em um fato de violência física e mental com o apoio de vários colegas de trabalho. Pode durar tanto tempo quanto a vítima seja capaz de suportar o rechaço e menosprezo do coletivo, considerando que se trata de sua imaginação para o aberto enfrentamento que provoca o desequilíbrio do afetado.

Para nós, como primeiro aspecto a destacar, está o fato de que se trata de sinônimos ou qualidades de um mesmo problema: vulneração de direitos, descumprimento de deveres, alteração do ambiente de trabalho e, sobretudo, um ato de discriminação.

Resumindo, faz-se uma vez mais necessário seguir investigando, porque há aqueles que consideram que a violência no trabalho não existe quando a organização do trabalho responde por sua incumbência e está bem projetada, porque aquelas empresas que conseguiram uma boa organização são exemplos de um ambiente são e seguro. A melhor disposição dos postos de trabalho, a garantia de recursos financeiros e materiais, a melhor formação profissional dos trabalhadores não podem evitar por si só os riscos organizativos, já que influem, além da conduta perversa, narcisista, prepotente, os complexos de inferioridade, a inveja e outros sentimentos negativos e carentes de toda ética e princípios, que provocam danos e deixam marcas não só morais como também físicas na saúde do trabalhador.

Há fatores inerentes ao trabalho como são o próprio projeto do entorno, do posto de trabalho, o ajuste da pessoa ao entorno, a carga de trabalho, fatores ergonômicos e outros muitos que influem nas situações de violência psicológica, mas também estão os fatores interpessoais e a segurança no emprego.

Em nível social, há situações que mudam a conduta do ser humano, e assim temos que com um efeito multiplicador se podem observar os resultados das políticas neoliberais geradoras de crise e insegurança social, perceptíveis na desregulação, na precarização da relação de trabalho, na exclusão social e na marginalização, e tudo isto gera violência. Portanto, a origem da violência poderia ser catalogada de institucional, o Estado abandona o indivíduo, não o protege, nem privilegia o pacto

---

(4) Muitos especialistas afirmam que as provas são difíceis porque o assediador trata de apagar suas ações e não deixar rastros. Também são produzidas ações como os chamados "delitos de solidão", quando não há testemunhas ou quando o assediador sabe perfeitamente que são testemunhas "mudas, cegas e surdas" incapazes de servir em uma prova testemunhal. Não obstante, também outros especialistas assinalam, e entre eles me considero pessoalmente, que sempre o assediador, pelo critério de impunidade de seus atos, deixa alguns rastros que podem resultar úteis se utilizados devidamente, tanto documentais como "virtuais" por meio de correio eletrônico, uma intranet, fotografias, vídeos, gravações etc.

e o diálogo social entre desiguais. Levando em conta que a relação trabalhista é uma relação jurídica atípica de subordinação com o elemento de dependência como sua identificação, provoca-se um resultado de abandono do trabalhador à sua sorte, submetido ao poder de mando e ao exercício da faculdade arbitrária da direção.

Na falta de normas, há princípios, e os princípios geralmente aceitáveis em declarações internacionais de não discriminação, igualdade de tratamento e oportunidades, assim como de respeito à dignidade, são direitos humanos protegidos ou tutelados nas constituições ou em outras normas nacionais e inclusive internacionais. Portanto, a violência psicológica também tem um contexto multidisciplinar, porque pode ser abordado desde o direito penal, civil, administrativo, constitucional e trabalhista.

Por último, nesta apertada síntese, há várias questões a ressaltar para os objetivos que se perseguem com a Carta Sociolaboral.

1. Dificuldades para o estudo da violência laboral, porque há que chegar ao conceito de violência no trabalho, conhecer que figuras são as que se incluem dentro da violência psicológica. Nem todos os países consideram o assédio sexual como parte da violência psicológica, porque pode ser física e psicológica, ou lhe dão um tratamento à parte e não há estatística oficial destes riscos, ou a que existe é inadequada ou tem diferenças de enfoques e de percepções.

2. Dificuldades para considerar a violência psicológica como um problema social, porque é um tipo de violência invisível e intangível, pertence aos chamados "atos de solidão" em que fundamentalmente o assediador se vale da vergonha da vítima e da ausência de solidariedade das testemunhas que não ouvem, não veem, nem falam, se produz por falhas na comunicação, deriva das relações interpessoais e conduz à destruição do ser humano e de sua autoestima por sua repetição e frequência, como processo e progressão de atos.

3. A posição da América Latina com relação à violência, pois apesar de ser um fato generalizado, há resistências a seu reconhecimento, não é um fenômeno visualizado por todos e em alguns países se desconhece a origem.

4. Nem todos os governos são predispostos ao estudo da violência e sua conceitualização, portanto, não há investigações exclusivas sobre violência psicológica, mas se analisa e estuda a violência física, em que se identificaram as profissões perigosas e propensas a ela, dedicam-se esforços à desco-berta da violência intrafamiliar e doméstica, com leis dirigidas à proteção da mulher no âmbito familiar porque se trata de relações entre particulares, sem intervenção do Estado.

Quanto à lei, há soluções em nossa América que testemunham o fato de que pode haver uma norma específica, modificações na lei trabalhista, ater-se à letra da Constituição e inclusive aplicar os princípios do direito do trabalho.

A Colômbia possui uma lei específica do ano de 2006; a Venezuela exige a responsabilidade do empregador desde a lei de segurança e saúde do trabalho de 2005; a Bolívia incluiu uma menção ao assédio laboral na Constituição de 2007; Brasil e Argentina têm normativas de caráter local para a administração pública.

Resta ainda muito por fazer e caminhos por andar, razão pela qual este tema não pode ser alheio à Carta Sociolaboral Latino-americana, que a ALAL coloca à consideração do movimento operário.

A Cidadania Social e o Mundo do Trabalho

Javier Fernando Izaguirre

As noções políticas de democracia e cidadania encontram-se indissoluvelmente associadas ao conceito de igualdade, de modo tal que não é possível o gozo pleno desta sem a vigência efetiva daquelas e, do mesmo modo, exige-se o respeito ao valor da igualdade como condição necessária para o exercício real daquelas.

A superação da sociedade estamental significou, fundamentalmente, o reconhecimento da igualdade jurídica e política de todos os habitantes dos Estados. No entanto, esta igualdade não se trasladou automaticamente ao campo das relações de produção. A posterior incorporação dos direitos sociais às constituições nacionais implicou um louvável mas insuficiente intento de dotar de substancialidade a igualdade real, impossibilitada pela intangibilidade da propriedade privada dos meios de produção.

Chega-se assim à atualidade, na qual o trabalho humano encontra-se generosamente protegido pelas normas trabalhistas só em algumas de suas modalidades de prestação, ao mesmo tempo que ficou notoriamente desamparado em outras. A jornada de trabalho, a intangibilidade dos salários ou os regimes de prevenção e reparação de acidentes do trabalho e doenças profissionais, costumam ser exemplos de como o direito do trabalho interessou-se por proteger com algum grau de intensidade os interesses do trabalhador.

Contudo, esta preocupação não se dá de igual modo em questões que a ordem jurídica laboral atribui com exclusividade ao titular da unidade produtiva. É o caso dos poderes de direção, organização e disciplinares, matérias que aparecem como de exclusiva incumbência empresarial.

No entanto, a lei do trabalho não é a única fonte normativa de regulação do trabalho. Se é considerado que este mesmo trabalhador é também membro de uma comunidade política e, portanto, portador dos atributos de cidadania, não resta mais que concluir que também dentro da empresa é titular irrenunciável das liberdades públicas, dos direitos de igualdade, de ser ouvido, das garantias do devido processo etc. Nesta ordem de ideias, a condição de cidadão estrangeiro não é um impedimento para o exercício destes direitos, já que a este trabalhador se deve garantir o gozo dos direitos humanos fundamentais em suas dimensões sociais, econômicas e políticas.

A empresa, por sua parte, é o principal cenário da apropriação regulada do trabalho humano e está organizada verticalmente com base em relações hierárquicas não isentas de traços autoritários e manifestações de despotismo, que resultam inadmissíveis em outras esferas da vida social.

Por isso é que o objetivo de procurar o respeito à igualdade no trabalho deve ser entendido somente a partir de dotar o trabalhador de maiores recursos e poder jurídico, como única forma de reequilibrar esta relação naturalmente desigual.

O direito à igualdade e seu complementar, o direito à não discriminação arbitrária, têm reconhecimento expresso na maioria dos textos constitucionais nacionais e em numerosos tratados internacionais de direitos humanos: Declaração Universal de Direitos Humanos (preâmbulo e art. 1º); Convenção Americana de Direitos Humanos (art. 24); Convenção sobre a eliminação de toda forma de discriminação contra a mulher (arts. 1º, 2º, 3º, 4º, 7º, 10, entre outros); Pacto Internacional de Direitos Civis e Políticos (arts. 3º e 15, entre outros); Pacto Internacional de Direitos Econômicos, Sociais e Culturais (arts. 3º e 7º); Declaração Americana de Direitos e Deveres do Homem (art. 3º); Convenção da Organização Internacional do Trabalho n. 111 sobre a discriminação (emprego e desocupação) (art. 1º); etecetera.

Do anterior não cabe mais que inferir que a ordem jurídica vigente reconhece ao trabalhador direitos e garantias com suficiente entidade como para moderar aqueles poderes outorgados unidirecionalmente ao empregador.

Na base do princípio da igualdade está o imperativo legal que impede toda diferenciação arbitrária (discriminação) nas relações de trabalho. Por isso é que as normas trabalhistas previram distintas situações nas quais se pode produzir a discriminação que vulnera a igualdade (por ex., os imperativos de igual remuneração por igual tarefa, igualdade no acesso ao emprego, igualdade de oportunidades, entre outros).

A mencionada Convenção OIT n. 111 sobre não discriminação instrui a respeito de quais situações devem ser entendidas como discriminatórias. Destaca: "O termo discriminação compreende: a) qualquer distinção, exclusão ou preferência baseada em motivos de raça, cor, sexo, religião, opinião política, ascendência nacional ou origem social que tenha por efeito anular ou alterar a igualdade de oportunidades ou de tratamento no emprego e na ocupação", e a seguir deixa aberta a possibilidade de considerar outros tipos de condutas como discriminatórias quando suponham uma "distinção, exclusão ou preferência que tenha por efeito anular ou alterar a igualdade de oportunidades ou de tratamento no emprego ou ocupação". Por último, esclarece: "As distinções, exclusões ou preferências baseadas nas qualificações exigidas para um emprego determinado não serão consideradas como discriminação".

Por sua vez, a Declaração da OIT relativa aos princípios e direitos fundamentais no trabalho, cuja observância é obrigatória para todos os membros da Organização Internacional do Trabalho, ainda que não tenham ratificado as respectivas convenções, considera entre esses princípios e direitos fundamentais "a eliminação da discriminação em matéria de emprego e ocupação".

Como se disse, a expansão do direito conquistado e recebido como norma pelo Direito do Trabalho encontrou seu limite nos espaços onde se expressam os poderes de direção, organização e disciplinares que a empresa exerce discricionariamente. Estes operam para desvigorizar as garantias democráticas essenciais dos direitos de cidadania.

Ou seja, diante do mesmo fator (o trabalho), a ordem jurídica trabalhista se posiciona de maneira ambivalente, já que regula e protege ao mesmo tempo que se abstém, e portanto desampara ao sujeito trabalhador, que é a razão de ser de sua autonomia como disciplina jurídica. Com esta contradição, conviveram desde sempre o Direito do Trabalho e a realidade autocrática imperante na empresa.

Mas como o Direito do Trabalho é, basicamente, um direito com vocação de igualação guiado pelos princípios protetor e da progressividade, deve estar sempre orientado em um sentido progressivo e de ampliação das margens de tutela efetiva para os interesses do trabalhador.

Em conclusão, se a ordem jurídica trabalhista protege certas dimensões em que se presta o trabalho humano, há outros âmbitos do trabalho que continuam sendo reservados à exclusiva discricionariedade do empregador, consolidando de tal modo as assimetrias de poderes que caracterizam a troca de trabalho por salário. Enfrentando este olhar que dá preponderância à especialidade da regulação, aparece a teoria do garantismo social, cujos conteúdos protetivos se caracterizam por serem mais intensos, já que não somente alargam o campo dos direitos exigíveis por parte do trabalhador, mas que, ademais, põem limites aos abusos dos poderes públicos e privados a ele contrários.

Então, para melhorar as condições de vida daquele que trabalha dentro do perímetro da empresa não é imprescindível obter novas leis trabalhistas. As leis sociais com categoria constitucional e os direitos humanos fundamentais são normas operativas e autoaplicáveis, cuja eficácia é plenamente exigível, ainda que, seguramente, seja desejável que, como método idôneo para encurtar a distância existente entre a proclamação constitucional e a vigência real destes direitos, sejam dotados de mecanismos apropriados de executoriedade.

Como a centralidade do trabalho continua sendo a coluna vertebral da vida social e econômica moderna, a real vigência dos direitos de cidadania deve incluir o fator trabalho, e a partir daí garantir o exercício dos direitos fundamentais. Nisso consiste, ao fim, a concepção de cidadania social, entendendo-se por esta os atributos reconhecidos a todas as pessoas a partir dos princípios, garantias e direitos fundamentais institucionalizados pelos textos constitucionais e os instrumentos internacionais de direitos humanos, independentemente de sua nacionalidade ou condição econômica ou produtiva.

3. Direito à Verdade, e de Informação e Consulta, em Todos os Temas Relativos à Vida da Empresa, que Possam Afetar aos Trabalhadores

Democracia Industrial

Antonio Loffredo

I. Introdução

O direito de informação, correta e completa, sobre a vida da empresa é, sem sombra de dúvidas, um elemento que contribui de forma decisiva a garantir uma confrontação legal entre empresários e trabalhadores por muitas razões; entre elas destaca-se que este direito, já garantido de forma mais ou menos ampla em muitos ordenamentos, constitui um dos pilares da denominada, nos anos 1970, "democracia industrial". O intento de trasladar ao âmbito da empresa, instituição na qual mais claramente expressa-se o poder de um indivíduo livre sobre outro, a forma democrática de governar o Estado, leva consigo também uma transformação do olhar para a classe trabalhadora: nunca mais considerada como uma massa de meros prestadores de uma atividade psicofísica, mas como verdadeiros cidadãos na empresa.

Por muito tempo, algumas tradições sindicais viram com receio a possibilidade de "participar" de alguma forma na gestão da empresa; este "medo", que caracterizou por exemplo os sindicatos dos países do sul da Europa, encontra uma simples explicação na vontade de não abandonar a forma típica e possivelmente mais eficaz de atuação sindical: o conflito e, concretamente, a greve. No entanto, as transformações organizativas das empresas modernas obrigaram os sindicatos a repensar suas posturas clássicas e a buscar novas respostas para as diferentes perguntas que trouxe consigo a modernidade.

De maneira especial, é hoje muito urgente encontrar uma resposta sindical transnacional frente à transnacionalização das empresas. É bem sabido que o fenômeno da globalização das empresas trouxe consigo novos métodos de gestão e organização; os processos de fusão e concentração empresariais colocaram em séria dificuldade a atividade dos sindicatos, desde sempre centrada na realidade nacional. Agora, também nesta realidade e desde há muito tempo, as organizações sindicais mostraram suas dificuldades de reação face as novas formas econômicas empresariais que devem enfrentar.

Por todas estas razões, atualmente uma ação sindical, e inclusive uma negociação coletiva, exclusivamente limitada ao âmbito nacional, pode significar a perda de uma parte importante do espaço de negociação para os sindicatos. Assim, uma das finalidades que se pode conseguir com o reconhecimento do direito de informação e consulta é a individualização da responsabilidade de gestão e política das decisões que afetam territórios nos quais a autoridade política tradicional tem cada vez mais dificuldade para incidir; e, em consequência, o máximo de aproximação possível dos representantes dos trabalhadores ao lugar em que, de fato, vêm adotadas as decisões, seja a nível nacional ou global, facilitando também o nascimento de novas unidades de negociação.

Ademais, e olhando desta vez para a questão desde outra perspectiva, não se pode negar que inclusive a melhora da competitividade das próprias empresas modernas, solicitação constante por parte de todos os empregadores, pode passar por meio da definição de um sistema de "fidelização", cada vez mais participativo e qualificado dos trabalhadores na vida da empresa.

Estes constituem só alguns dos argumentos que estão levando à superação da contraposição entre os dois prevalentes modelos sindicais: o conflitivo e o participativo[1], tentando reunir as duas posturas em uma atividade que não quer adiar a ideia de conflito (fisiológica em qualquer relação laboral), mas que tem o objetivo de ressituar o conflito entre as partes, para que se desenvolva quando seja necessário e, possivelmente, em paridade de armas.

Para pode chegar a um resultado deste tipo é necessário o fortalecimento das relações sindicais baseadas no reconhecimento dos direitos sindicais "procedimentais" funcionais à implicação e corresponsabilização do sindicato na vida da

---

(1) WEDDERBURN, W. Consultation and collective bargaining in Europe: success or ideology?, *ILJ*, v. 26, n. 1, p. 7, mar. 1997.

empresa; a predisposição de procedimentos ou a instituição de organismos que sejam idôneos para garantir a efetiva participação dos trabalhadores nas decisões empresariais; em uma palavra, a expansão do chamado fenômeno da procedimentalização dos poderes do empresário.

Não pode ser casual, então, que o direito de informação e consulta constitua um verdadeiro pilar do modelo sindical da União Europeia, visto que foi expressamente garantido no art. 27 da Carta dos Direitos Fundamentais da União Europeia e desenvolvido em muitas diretivas que, desde os anos 1970, vêm se aprovando com a finalidade de evitar o "*dumping* social". A ideia de fundo é que os processos de reestruturação das empresas e a situação de crise, como por exemplo os procedimentos de dispensas coletivas, não podem ser enfrentados sem a implicação dos sindicatos no nível empresarial.

Neste sentido, é útil efetuar uma distinção entre algumas das diversas formas possíveis de participação. Pode-se, assim, distinguir um primeiro tipo de participação "débil", consistente no reconhecimento de direitos de caráter estável de informação e consulta aos trabalhadores, uma participação entendida no sentido conflitivo e, por isso, não como alternativa à negociação; um segundo tipo "forte" que, por sua vez, divide-se em participação "forte externa", em que um órgão composto por repre-sentantes dos trabalhadores encarrega-se de vigiar a atuação do Conselho de Admi-nistração, e em participação "forte interna", que prevê a presença dos representantes dos trabalhadores no interior do órgão de administração da empresa.

II. ÂMBITO DE APLICAÇÃO, CONTEÚDO E GARANTIAS DO DIREITO

O âmbito de aplicação do direito de informação e consulta deve ser, por sua própria natureza e finalidade, o mais extenso possível, abarcando tanto o setor privado como e, com mais razão, o público, posto que as administrações públicas gestionam o dinheiro dos cidadãos e estão ainda mais obrigadas a ser transparentes e imparciais em sua atuação política e administrativa.

A informação deve ser proporcionada por parte do empresário aos repre-sentantes dos trabalhadores em tempo útil e com modalidades e conteúdo que garantam a sua eficácia, ou seja, de tal forma que possa permitir aos representantes sindicais examinar atentamente a informação recebida e preparar a consulta.

Os possíveis temas objeto de informação pelo empresário são todos aqueles relativos, de forma mais ou menos direta, à vida dos trabalhadores. Por isto, e a título exemplificativo, entre eles não podem faltar: a evolução recente e previsível da atividade da empresa e sua situação econômica; a situação, a estrutura e a previsível evolução do emprego na empresa; a intenção de efetuar dispensas coletivas ou uma transferência da empresa, qualquer que seja o título jurídico da transferência; em caso de crise e de redução do pessoal, as medidas que se pretende adotar, inclusive as que tenham a ver com projetos de formação e de melhora do profissionalismo dos trabalhadores; as decisões da empresa que possam repercutir sensivelmente na organização do trabalho ou, de qualquer forma, nos contratos de trabalho.

Em todo caso, o conceito do direito à verdade não reflete só um conteúdo muito amplo, mas tem um alcance muito mais extenso visto que pede que as relações trabalhistas entre empresário e trabalhadores (e seus representantes) desenvolvam-se baseando-se na lealdade, na transparência e na honestidade.

É preciso sublinhar que estes direitos podem adquirir uma efetividade real se, depois do momento da informação, consegue-se dar relevância justa aos processos de consulta dos representantes dos trabalhadores. De fato, o sindicato pode pedir para ser consultado, iniciando uma negociação coletiva com o fim de pactuar soluções que permitam gerir a situação de crise, garantindo o maior número de postos de trabalho ou adotando planos sociais para enfrentar os efeitos da decisão da empresa. Naturalmente, o empresário não perde a possibilidade de exercer seus poderes, mas não pode exercitá-los sem antes confrontar com os representantes dos trabalhadores.

Por esta razão, a consulta que pode seguir à informação proporcionada pelo empresário tem que se desenvolver com modalidades, de tempo e conteúdo, adequadas para a consecução da finalidade perseguida. Ademais, a consulta deve ser realizada nos níveis adequados da direção da empresa e dos representantes dos trabalhadores; esta especificação é muito relevante, sobretudo no que diz respeito às empresas transnacionais ou aos grupos de empresas. Como esclareceu o Tribunal de Justiça da União Europeia[2], os representantes dos trabalhadores têm direito a receber a informação e a reunir-se com a empresa (ou seu organismo), que tem realmente a capacidade e responsabilidade de tomar a decisão em questão. A necessidade de discutir a decisão da empresa com as pessoas responsáveis deriva também da finalidade última da consulta, que é a busca de um acordo com os representantes dos trabalhadores, o qual obriga às partes a negociar de boa-fé.

Este direito, para que seja garantido de forma concreta, tem que ser tutelado, ao menos, por meio dos instrumentos. O primeiro consiste na previsão de sanções eficazes a cargo das empresas que não tenham garantido o direito de informação e consulta, ou que não o tenham feito na modalidade adequada. Apesar da natureza das sanções (administrativas, civis ou penais), é importante que estas sejam suficientemente contundentes para desencorajar a opção dos empresários que possam preferir uma sanção à garantia do direito de informação e consulta.

O segundo instrumento, e possivelmente o mais importante, é uma garantia de tipo processual: os representantes dos trabalhadores devem poder recorrer à autoridade judicial mediante um procedimento de urgência que permita ao juiz

---

(2) Sentença "Bofrost", Tribunal de Justiça da União Europeia, 29 de março de 2001, C-62/99.

intervir rapidamente, exigindo do empresário o respeito das obrigações da lei e tutelando, assim, o direito de "forma real". Assim, caso o juiz, obtidas as informações sumárias, tenha a impressão da existência de um *fumus boni juris* da petição dos representantes dos trabalhadores, poderá obrigar o empresário, com um decreto urgente, a suspender sua "conduta antissindical" e a voltar ao *status quo*, garantindo um direito que tem sentido somente na medida em que se desenvolva com o tempo e as modalidades adequadas. Está claro que contra um decreto como este deve existir, para a parte interessada em recorrer, um procedimento com "conhecimento completo" por parte do Tribunal.

A Participação dos
Trabalhadores na Empresa

David Duarte

A participação coletiva dos trabalhadores na vida interna da empresa é essencial para que as relações dentro dela sejam democráticas, e para isso o empresário deve brindar aos trabalhadores toda a informação com a qual conte, pois estes também podem se ver afetados pela tomada de decisões vinculadas à empresa, não somente na manutenção da fonte de trabalho, mas também na possibilidade de reclamar melhoras nas condições de trabalho, quando se observe um incremento considerável na produtividade e lucro empresarial. O fenômeno da evasão fiscal, as formas de contratação precária, de fuga da norma protetora por meio de mecanismos fraudulentos, como a falsa, insuficiente ou nula escrituração, são todas formas de faltar com a verdade e dão conta não somente de uma situação irregular a respeito das leis impositivas, mas também das trabalhistas e previdenciárias.

Resta impossível o diálogo social que se apregoa se não há informação fidedigna, porque sempre haverá algum ponto do qual não se pode falar. A transparência no funcionamento das atividades empresariais, na qual se inclui a vida do trabalhador, expressaria também uma relação decente, nas palavras da OIT. O trabalho decente deve ter também uma formulação em ações concretas, como seria o compromisso da empresa de dar a conhecer aos diretos e verdadeiros interessados, os trabalhadores, a situação econômica da empresa.

O poder empresarial resiste a dar este tipo de informação, pois se apoia na confidencialidade frente à competitividade. Mas esta confidencialidade não deve ser tal que termine sendo um pacto de silêncio mafioso para fugir da lei, que no direito do trabalho é sempre instrumento protetor. Os chamados Códigos de Conduta Empresarial parecem ser uma das respostas, nas atuais condições em que se apregoa a partir de setores empresariais uma forte desregulação da norma trabalhista e a substituição destas normas mínimas por estes "Códigos". Estes "Códigos" não são mais que a consolidação do pensamento neoliberal, como se se tratasse de um pacto entre cavalheiros, quando se trata, na realidade, da exploração do homem pelo homem, com o único objetivo de maximizar os ganhos a expensas do maltrato ao ser humano que trabalha.

O Código de Conduta é um meio que tem por objetivo uma relação leal entre as empresas, e é aplicado ao ser humano que trabalha como uma justificação para mostrar ao outro as proteções mínimas exigidas por estes "Códigos", cujo objetivo se relaciona com o mercado de competência entre aqueles que investem capitais e não com a proteção do mais fraco da relação: o ser humano que põe em risco seu corpo, sua saúde, sua vida. Não se pode pensar na existência de uma sociedade que somente se preocupe com o mercado competitivo com uma pretensa igualdade de condições entre os que põem em jogo seus bens materiais. Os valores humanos que se colocam em jogo quando existe uma relação laboral são de outra dimensão, não tem a ver com o capital e suas regras, mas com aquele que compromete sua integridade psicofísica e a necessária proteção desde o ponto de vista dos direitos inerentes à pessoa.

Antes de falar de direito à informação devemos saber que a informação é de caráter instrumental, ou seja, um meio ou instrumento a fim de poder exercer outros direitos, pois sem uma informação adequada tornar-se-ia ilusória a possibilidade de realização de direitos concretos dos trabalhadores. A informação tem um valor instrumental porque pode ser utilizada para o exercício de outros direitos. A informação é necessária para o controle dos poderes públicos, das empresas ou dos grupos econômicos. O direito de acesso à informação é a exigência de socialização da informação e, por fim, joga como limite à exclusividade ou ao segredo da informação.

Para isso, faz-se indispensável definir, no campo da informação, qual devem subministrar e quem são os sujeitos obrigados a dá-la. Os direitos econômicos e sociais surgidos dos instrumentos internacionais que consagram os direitos humanos estabelecem estes direitos como direitos fundamentais que evoluíram daqueles direitos individuais da Revolução Francesa, plasmados na maioria das constituições liberais do século XIX. O direito à informação é uma evolução do direito da liberdade de expressão; por isso, deve-se assumir o caráter de bem público, social ou coletivo desse direito. É uma forma de autorrealização do controle individual e coletivo institucional, tanto frente às autoridades públicas como frente aos particulares cuja situação de poder ou posição preponderante na sociedade condiciona ou determina as condutas de outros particulares e afeta bens que requerem proteção, como a vida, a saúde, o trabalho etc. Assim como a publicidade dos atos de governo é essencial e caracteriza os sistemas republicanos e democráticos de governo, também o deve ser a publicidade dos atos daqueles que têm poder econômico dentro da sociedade e com seus atos condicionam os que se encontram em sua órbita, ao ponto de afetar aqueles bens que mencionamos. Por essa razão, dizíamos que o direito à informação deve localizar-se dentro das formas de democratizar as relações de poder no seio da empresa.

O Protocolo Adicional à Carta Social Europeia, a chamada "Carta de Turim", de 1961, aprovada em Estrasburgo em 5 de maio de 1988, contém vários direitos, por exemplo, o "direito à igualdade de oportunidades e de tratamento em matéria de emprego e de profissão, sem discriminações por razão de sexo" (art. 1º); "direito à informação e consulta" (art. 2º); "direito a tomar parte na determinação e melhora das condições de trabalho e do ambiente laboral" (art. 3º), e "direito à proteção social das pessoas idosas" (art. 4º). Como se vê, há direitos vinculados com o direito à informação. Por sua vez, a Carta dos Direitos Fundamentais da União Europeia (2000/C 364/01), em seu art. 11, prevê a liberdade de expressão. Este direito compreende a liberdade de opinião e a liberdade de receber ou de comunicar informações ou ideias sem que possa haver ingerência de autoridades públicas e sem consideração de fronteiras. Em seu art. 27 reconhece o direito à informação e consulta dos trabalhadores na empresa: "dever-se-á garantir aos trabalhadores ou a seus representantes, nos níveis adequados, a informação e consulta com suficiente antecedência nos casos e condições previstos no Direito comunitário e nas legislações e práticas nacionais".

A diretiva 2002/14/CE1 estabelece um marco geral relativo à informação e à consulta dos trabalhadores na Comunidade Europeia. Consolida o princípio de informação e consulta dos trabalhadores, complementando outras diretivas comunitárias neste âmbito e completando uma série de lacunas das legislações e das práticas nacionais. Portanto, desempenha um papel chave na promoção do diálogo social e de relações de confiança nas empresas e nos centros de trabalho, que é fundamental para garantir um ambiente laboral favorável à inovação, à previsão e à adaptação, tanto em prol dos empresários como dos empregados. A tal fim, a diretiva estabelece requisitos mínimos sobre os princípios, definições e modalidades de informação e consulta dos empregados nas empresas. Levadas em conta as distintas situações e práticas nacionais no âmbito das relações trabalhistas na União, os Estados-membros desfrutam de uma grande flexibilidade no que se refere à aplicação dos conceitos-chave da diretiva (como "representantes dos trabalhadores", "empresário", "trabalhador" etc.) e as modalidades de informação e consulta. A diretiva reconhece plenamente o importante papel dos interlocutores sociais a este respeito. A diretiva 2009/38/CE do Parlamento Europeu e do Conselho de 6 de maio de 2009, sobre a constituição de um comitê de empresas europeu ou de um procedimento de informação e consulta aos trabalhadores nas empresas e grupos de empresas de dimensão comunitária, dá conta da necessidade de estabelecer pautas internacionais a fim de se adaptar à realidade transnacional das empresas. Conforme o disposto no art. 15 da diretiva 94/45/CE, a Comissão, em consulta com os Estados membros e os interlocutores sociais em nível europeu, revisou as modalidades de sua aplicação e estudou a situação das empresas. No entanto, na atualidade, o funcionamento do mercado interior leva inerente um processo de concentrações de empresas, fusões transfronteiriças, incorporações e associações e, por consequência, uma transnacionalização das empresas e grupos de empresas. Com objetivo de assegurar que as atividades econômicas se desenvolvam de forma harmoniosa, destacaram que é preciso que as empresas e grupos de empresas que trabalhem em vários Estados-membros informem e consultem aos representantes de trabalhadores afetados por suas decisões (ponto 10). Os procedimentos de informação e consulta aos trabalhadores previstos nas legislações ou práticas dos Estados-membros com frequência não se adaptam à estrutura transnacional da entidade que adota a decisão que afeta a ditos trabalhadores. Esta situação pode dar lugar a um tratamento desigual dos trabalhadores afetados pelas decisões dentro de uma mesma empresa ou um mesmo grupo de empresas.

Entre outras medidas, foram precisados os conceitos de "informação e consulta". Entenderam o termo "informação" levando em conta o objetivo de um exame adequado pelos representantes dos trabalhadores, o que implica que a informação seja efetuada em um momento, de uma maneira e com um conteúdo apropriado, sem que isso atrase o processo de tomada de decisões nas empresas. E o termo "consulta" deve ser definido levando em conta o objetivo de possibilitar a emissão de um ditame que seja útil para o processo de tomada de decisões, o que implica que a consulta seja efetuada em um momento, de uma maneira e com um conteúdo apropriado. Também, as disposições da diretiva sobre informação e consulta aos trabalhadores devem ser aplicadas, no caso de uma empresa ou de uma empresa que exerça o controle de um grupo cuja direção central esteja situada fora do território dos Estados-membros, por seu representante em um Estado-membro, designado no caso, ou, em ausência de dito representante, pelo estabelecimento ou empresa controlada que tenha o maior número de trabalhadores nos Estados-membros. A responsabilidade de uma empresa ou de um grupo de empresas na transmissão da informação necessária para a abertura de negociações deve se determinar, de maneira que os trabalhadores possam determinar se a empresa ou o grupo de empresas onde trabalham são de dimensão comunitária e empreender os contatos necessários para formular uma solicitação de abertura de negociações.

Concretamente, dito Protocolo pode servir de guia para uma Carta Social Latino-americana, como pauta e orientação, aberta ao debate. Recordemos que dito Protocolo prevê: "Art. 2º Direito à informação e consulta. 1. Com o fim de garantir o exercício efetivo do direito dos trabalhadores à informação e consulta dentro da empresa, as Partes se comprometem a tomar ou promover medidas que permitam aos trabalhadores ou a seus representantes, em conformidade com a legislação e a prática nacionais: a) ser informados periódica e oportunamente, e de maneira compreensível, da situação econômica e financeira da empresa que lhes dá emprego, ficando entendido que poder-se-á denegar a divulgação de certas informações que possam prejudicar a empresa ou exigir que se mantenham confidenciais e b) ser consultados a seu devido tempo acerca das decisões previstas que possam afetar substancialmente aos interesses dos trabalhadores e, em particular, acerca das que possam ter consequências importantes sobre a situação do emprego na empresa. 2. As partes poderão excluir do alcance do § 1º do presente artigo aquelas empresas que empreguem um número de trabalhadores inferior a um mínimo determinado pela legislação ou pela prática nacionais". Ademais, o direito referido deverá ser aplicado por meio de "medidas legislativas ou regulamentares" e "convenções celebradas entre os empregadores ou organizações de empregadores e as organizações de trabalhadores" (art. 7º do Protocolo).

4. Direito a um Emprego Estável, e Proibição e Nulidade da Dispensa Arbitrária ou Sem Justa Causa

O Trabalho Estável como Condição de Cidadania

Joaquín Pérez Rey

I. A ESTABILIDADE NO EMPREGO: MUITO MAIS QUE A MANUTENÇÃO DO POSTO DE TRABALHO

A relação de trabalho deve durar o máximo possível. Os ordenamentos trabalhistas foram fiéis a esta regra ao menos uma vez, superados os velhos dogmas liberais. Elementos clássicos da regulação laboral como a preferência pelo contrato por prazo indeterminado, a novação modificativa, a suspensão e interrupção do contrato de trabalho, colocam-se a serviço de garantir a maior extensão possível da relação de trabalho no tempo, evitando, se possível, a concorrência de elementos impeditivos da continuidade do vínculo e optando geralmente por soluções favoráveis à sua manutenção.

Na realidade, esta clássica configuração da relação de trabalho e seu regime jurídico não supõe uma novidade excessivamente significativa a respeito de seus antecedentes civis, podendo ser configurada como uma vertente especialmente qualificada do princípio da conservação do negócio. O contrato de trabalho, como relação jurídica de duração, estende-se o máximo possível no tempo e o ordenamento inteiro é interpretado a favor da continuidade do vínculo, conseguindo-se com isso a manutenção do posto de trabalho e, portanto, a manutenção dos ganhos do trabalhador, o que constitui, nas sociedades baseadas no trabalho, um valor digno de proteção jurídica.

No entanto, esta forma de raciocínio, lastreada pelo esquema civil e fortemente asséptica, não consegue dar conta da importância que na troca de trabalho por salário tem a permanência da relação trabalhista. Não em vão, o pensamento juslaboral reservará uma denominação específica para esta circunstância: a estabilidade no emprego, e elevará seu conteúdo à categoria de princípio inspirador do conjunto do ordenamento trabalhista. O princípio de estabilidade no emprego constituirá, assim, uma emanação do valor da segurança material caracterizador do constitucionalismo social e, inclusive, começará a ser considerado em termos de direito subjetivo ou, nas construções mais entusiastas, dará o salto ao direito patrimonial para falar do trabalhador como proprietário de seu posto de trabalho.

Naturalmente, a estabilidade no emprego coloca-se a serviço da manutenção do posto de trabalho e pretende angariar para o trabalhador, mediante técnicas diversas, a segurança de poder seguir recebendo os ganhos derivados de seu trabalho e poder planejar, assim, sua vida e de sua família. Mas a estabilidade vai muito mais além de procurar a segurança do ganho vital: insere-se em uma perspectiva política e democratizadora das relações de trabalho a partir da qual se impulsiona com força e determinação a cidadania na empresa. É esta dimensão seguramente a que a converte em um elemento imprescindível para o Direito do Trabalho, ao mesmo tempo em que explica os furibundos ataques (políticos, econômicos e jurídicos, se é que é dado distinguir entre estas dimensões) dos que a estabilidade é objeto, ao menos desde meados dos anos 1970 em diante.

Facilmente, há de se compreender esta dimensão política da estabilidade no emprego. Em uma relação jurídica presidida pela subordinação e que dá por certa a possibilidade empresarial de valer-se do poder de direção e seus correlatos (poder de controle, vigilância e disciplinar), o exercício dos direitos trabalhistas pode ficar seriamente comprometido se aqueles poderes não contam com limites rigorosos e, muito especialmente, com restrições que impeçam a extinção arbitrária do contrato de trabalho como ato de represália empresarial. Neste sentido, a estabilidade no emprego não somente mantém o vínculo laboral se não é produzido nenhum elemento impeditivo digno de ser aceito, mas também se converte na condição para o exercício pleno do conjunto de direitos trabalhistas, desde a liberdade sindical até a greve, desde a liberdade de expressão até o direito à intimidade. Em outros termos, a estabilidade no emprego é uma garantia irrenunciável para assegurar o *status* de cidadania do trabalhador na empresa. Não basta reconhecer que o trabalhador tem direito a ser cidadão fora e dentro da empresa, é preciso evitar ao mesmo tempo em que o exercício destes direitos unicamente possa ser levado a cabo desde posturas heroicas, assumindo o risco de perder o emprego. Tão somente em um marco onde a estabilidade no emprego impeça usar o trabalho como moeda de troca, podemos falar com propriedade do trabalhador-cidadão.

Daí que a estabilidade tenha deixado de ser um mero material de princípios de interpretação contratual e tenha se erigido como integrante do conteúdo essencial de um dos direitos principais do constitucionalismo social: o direito ao trabalho, que teve talvez seu desenvolvimento mais frutífero no princípio da estabilidade no emprego.

E daí também que sejam decisivos os instrumentos da estabilidade, o instrumental posto a serviço da manutenção do emprego e que pode ser resumido em duas instituições capitais sem as quais a duras penas se poderia falar da existência de dito princípio.

II. Os INSTRUMENTOS DA ESTABILIDADE: A PREFERÊNCIA PELA CONTRATAÇÃO POR PRAZO INDETERMINADO

Em primeiro termo, a estabilidade exige que por meio de pactos contratuais relativos à duração da relação trabalhista não se possa limitar ou parcelar artificialmente a extensão temporal do contrato, outorgando, ao empresário, contínuas e recorrentes possibilidades extintivas amparadas, sem termos ou condições de origem contratual. A necessidade de que exista uma correspondência objetiva entre a natureza das tarefas a empreender pelo trabalhador e a duração do contrato é um elemento decisivo, como é o fato de que a contratação temporária ou outras fórmulas de contratação atípica não constituem mecanismos de política de emprego, pois, são ineficazes para reduzir o desemprego, e ademais provocam um efeito precarizador inadmissível que condena grande parte dos trabalhadores a serem espaço para a rotação trabalhista, a sinistralidade e a falta de qualificação, ao mesmo tempo em que condena as empresas à perda da competitividade derivada desta mesma falta de perícia trabalhista característica do trabalhador temporário e, finalmente, tem profundas repercussões econômicas derivadas da impossibilidade de empreender investimentos a médio e longo prazo por parte dos trabalhadores afundados na precariedade. A necessidade de erigir o contrato por prazo indeterminado como via preferencial de assunção trabalhista e de colocar limites aos mecanismos de sucessão ou concatenação contratual, ao mesmo tempo que se descarta que a política de emprego transite pela via da precariedade trabalhista, é a primeira exigência da estabilidade no emprego. Pressuposto da estabilidade no emprego que adquire uma importância capital, uma vez que a prática de nossas legislações trabalhistas demonstrou que, em muitas ocasiões, a contratação atípica constituiu o baluarte da flexibilização das relações trabalhistas, deixando formalmente intacta, em um exercício de hipocrisia, a proteção frente à dispensa, que constitui o outro elemento chave da estabilidade.

III. Os INSTRUMENTOS DA ESTABILIDADE: A PROTEÇÃO FRENTE À DISPENSA

A extinção do contrato de trabalho por vontade do empregador requer, em um regime democrático de relações trabalhistas, ficar limitada em prol também da consecução da estabilidade no emprego.

E requer ser limitada, em primeiro lugar, porque constitui um ato de violência privada que não somente priva o trabalhador de sê-lo, mas afeta também sua condição de cidadão, condenando-o a um estado de diminuição de direitos, desde o momento em que em nossas sociedades é o trabalho o principal veículo para o gozo da cidadania (Baylos). A democracia não pode renunciar a controlar este poder privado, permitindo que ele se configure de forma arbitrária e, portanto, de maneira incompatível com a dignidade humana, pois, como nos ensinou Simone Weil, essa incompatibilidade se produz quando o trabalhador é consciente de que a eleição do que vão despedir pode ser arbitrária, o que condena, então, muito mais que obedecer; obriga também a não desagradar.

Esta tripla afetação que a dispensa arbitrária tem para a manutenção do posto de trabalho, o gozo da cidadania e a posição do trabalhador na empresa, fez com que ela deva ser objeto de rechaço e que se erijam direitos destinados a evitá-la. Até o ponto de que se pode falar de certo modelo internacional de trabalho protegido, que tem na Convenção n. 158 da OIT uma referência-chave, assim como no art. 30 da Carta de Direitos Fundamentais da União Europeia.

Este modelo de proteção perante a dispensa se baseia em três elementos capitais estreitamente relacionados: a dispensa há de ser causal, há de ter uma projeção formal e há de poder ser revista, por provocação do trabalhador, por um organismo imparcial. Só com uma causa justificada pode o empresário dar por concluído unilateralmente o contrato de trabalho, advertindo dela ao trabalhador mediante o caminho formal oportuno, que permitirá a este articular uma defesa apropriada e comparecer perante um juiz ou outro órgão imparcial para que revise a causa esgrimida pelo empresário para dar por concluída a relação de trabalho.

Proclama-se, então, a ineficácia da dispensa arbitrária e ainda que seja preciso reconhecer que nem sempre os textos legais extraem desta ineficácia a necessidade de reintegrar o trabalhador em seu posto de trabalho, o certo é que somente esta última solução parece satisfazer o direito ao trabalho e os requirimentos derivados da estabilidade no emprego.

A monetização da dispensa injustificada, seu tratamento exclusivamente desde a vertente patrimonial, acaba por desnaturalizar a proteção que se outorga ao trabalhador, convertendo os limites à dispensa em um simulacro e o contrato de trabalho em um instrumento livremente rescindível em troca de preço: o preço da arrogância do poder (Romagnoli). Por este motivo, os ordenamentos trabalhistas devem transitar pela via de não conceder eficácia alguma à dispensa sem causa, procurando a reintegração do trabalhador por eficazes sistemas de execução que consigam desde o plano adjetivo continuar com as solenes declarações de fundo. A reintegração obrigatória do trabalhador é, portanto, a solução natural à dispensa injustificada e sua previsão é em todo caso inesquivável quando a dispensa do trabalhador incide em seu patrimônio jurídico mais elementar, isto é, em seus direitos fundamentais ou quando a extinção empresarial do contrato é produzida em aberto desprezo ao direito ao trabalho, prescindindo da mais elementar das justificações causais ou prescindindo da forma como ato de exteriorização da dispensa. Em todas estas hipóteses, a única saída respeitosa da garantia dos direitos fundamentais do trabalhador é a que conduz à continuidade do contrato de trabalho mediante a reintegração do trabalhador. A esta consequência fundamental haverá que somar, ademais, a reparação dos danos originados por um uso tão desviado e grave do poder empresarial, sem que, em qualquer caso, dita reparação possa substituir a condenação à reintegração.

Vale a pena advertir, adicionalmente, que inclusive quando as respostas à dispensa injustificada sejam meramente patrimoniais em termos de estabilidade obrigatória e não real, as indenizações previstas hão de ser suficientemente dissuasórias e devem responder tanto ao dano que causa ao trabalhador a perda de seu trabalho, como a sancionar o empresário por sua conduta antijurídica. Não é lógico, e se opõe frontalmente às exigências derivadas do direito ao trabalho, socializar as consequências patrimoniais da dispensa injustificada, seja por meio da criação de fundos ou mecanismos de capitalização *ad hoc*, seja recorrendo à proteção social, tal como propugna o modelo de flexisseguridade que se impulsiona a partir das instituições da EU. Não é tolerável, em outras palavras, que o autoritarismo patronal seja objeto de apoio público e seja financiado com os impostos dos cidadãos que, ocasionalmente e de forma sinistra, viriam a financiar suas próprias dispensas.

O valor da estabilidade e dos instrumentos dos quais se vale são chave na relação de trabalho e estão muito longe de ser uma configuração contingente ou conjuntural do Direito do Trabalho da industrialização, como se furta em fazer ver certo pensamento determinista. Antes ao contrário, faz-se preciso insistir na recuperação da estabilidade, muito prejudicada, pelo geral, depois de anos de concessões às políticas neoliberais. A atualização deste princípio, a recuperação do discurso dos direitos sociais como resposta à crise, constitui um esforço do qual não cabe abdicar e que deve ser impulsionado no âmbito global, e neste sentido a apelação à Convenção n. 158 da OIT e a pressão aos Estados que ainda não o fizeram para que a ratifiquem pode ser um primeiro e importante passo. Pois trata-se também de evitar que os investimentos em escala mundial orientem-se tomando como variáveis o índice de proteção trabalhista em geral e de proteção frente à dispensa, em particular.

É este o objetivo que a América Latina e o resto dos povos devem lutar para conseguir, alentando decisivamente a plenitude de direitos para os trabalhadores, o que unicamente é possível no marco da estabilidade no trabalho, pois de outra forma o trabalhador converte-se em um escravo moderno, sofrendo uma *capitis deminutio*, que não afeta somente a ele, mas também a suas organizações cuja capacidade de atuação na empresa e nos centros de trabalho se vê claramente partida quando predomina a precariedade nas relações trabalhistas. Um movimento operário forte e com capacidade para representar os trabalhadores nos cenários da produção exige que as condições de trabalho não fiquem definidas pelo autoritarismo e a represália como elementos comuns. Não se pode esquecer, então, que boa parte do discurso estigmatizador da estabilidade é, na realidade, e ainda quando se oculte sob o guarda-chuva da superação do modelo produtivo industrial, uma elaboração com fortes derivações antissindicais, que se dirige a debilitar o sindicato afastando-o do centro de trabalho com a intenção de convertê-lo em um território feudal.

Reformular o Direito do Trabalho a partir da chave da estabilidade, inclusive em época de crise, é um compromisso democrático, forte para evitar precisamente que a democracia não seja mais que uma santa em um altar, de quem já não se esperam milagres, entre outras coisas porque está sequestrada, condicionada e amputada, como soube nos fazer ver este mestre já saudoso que recém se foi: José Saramago. Sirvam também estas linhas de modesta homenagem ao genial autor de *O Ano da Morte de Ricardo Reis*.

5. Direito a um Trabalho Digno e de Qualidade que, no Mínimo, Responda às Pautas da Organização Internacional do Trabalho

Direito a um Trabalho Decente e a Dignidade dos Zé-Ninguéns

Francisco Trillo Párraga

I. Um apontamento introdutório

O trabalho decente apresenta uma relação incindível com um dos direitos humanos mais destacados como é a dignidade humana. A importância desta relação reside, em última instância, no conceito de pessoa resultante do interstício entre dignidade humana e trabalho decente. Isto é, a pessoa trabalhadora como conceito sociopolítico que expressa a configuração da denominada sociedade capitalista, onde o acesso à cidadania e, portanto, à própria dignidade humana aparecem condicionados pela posição que ocupam seus integrantes em relação à troca entre trabalho e salário. A este respeito, a dignidade da pessoa trabalhadora faz referência a um *status* que cumpre uma dupla função. Por um lado, consente um determinado desenvolvimento — mais ou menos livre — do indivíduo; por outro, perfila e preenche de conteúdo os valores da sociedade onde a pessoa interage por meio fundamentalmente de sua participação nos assuntos públicos. Portanto, a dignidade da pessoa trabalhadora mantém uma dupla dialética que se dirime entre a esfera da intimidade da pessoa e o espaço público no qual esta se insere por meio do trabalho. No entanto, este conceito de dignidade, o da pessoa trabalhadora, com muita frequência, aparece negado nos diversos ordenamentos jurídicos, produzindo como consequência direta a invisibilidade da dignidade dos trabalhadores[1].

O conceito político de trabalho decente reforça esta ideia da dignidade da pessoa trabalhadora, já que a identifica com o sujeito social de atribuição de um conjunto de direitos e deveres, através dos quais se verifica a dignidade da pessoa e a condição de cidadão. Um exemplo desta dupla vertente da dignidade humana expressa-se nitidamente na situação atual de escassa participação política e sindical como consequência de uma precariedade social que encontra sua principal causa nas condições materiais nas quais a pessoa presta trabalho[2].

Em suma, o trabalho decente é a plataforma ideal desde a qual entrelaçar o par dignidade humana/trabalhador com o objetivo último de dotar a pessoa trabalhadora da autonomia necessária para "poder desenvolver seus próprios planos de vida", cujo centro gravitacional situa-se nas necessidades não satisfeitas que impediriam tal finalidade[3]. O trabalho decente constitui, pois, o valor sobre o qual se deve assentar a construção de uma igual liberdade de todas as pessoas que tome como referência o contexto social, político e econômico no qual esta se encontra[4], para com isso não incorrer em regulações jurídicas que partam de um pressuposto fictício, ou de autoritarismos consistentes na conformação do projeto vital das pessoas.

Este olhar onicompreensivo contribui, ademais, à superação do principal problema que apresenta o conceito de trabalho decente, seu conteúdo universal. Isto é, qual deveria ser o conteúdo mínimo que todas as sociedades outorguem ao trabalho decente em relação às características específicas dos distintos espaços geopolíticos[5]: a dignidade da pessoa (trabalhadora).

---

(1) "A de mulheres e homens sem recursos e sem nome. A daqueles que sempre sofreram desapropriação e adversidade. A do povo do 'aguenta' que leva como bandeira sua coragem e dignidade" (SOLANAS, Fernando. *La dignidade de los Nadie*).
(2) Uma aproximação à relação de trabalho, precariedade social e participação política e sindical encontra-se em TRILLO, F. Líneas de explicación de la precariedad laboral más allá del trabajo. *Revista de Estudios de la Fundación 1º de mayo*, n. 10, p. 11-16, 2009.
(3) Este argumento sobre o conceito de *liberdade fática* foi tratado recentemente por PISARELLO, G.; MORALES, A. García; DÍAZ, A. Oliva. *Los derechos sociales como derechos justiciables:* potencialidades y limites, Bomarzo, 2009. p. 56-59.
(4) Uma proposta muito sugestiva a este respeito foi formulada por PISARELLO, G. *Los derechos sociales y sus garantias. Elementos para una reconstrución.* Madrid: Trotta, 2007. p. 39-57, especialmente, p. 52-57.
(5) EGGER, P.; SEGENBERGER, W. Problemas y políticas del trabajo decente. *Boletín Cinterfor*, Montevideo, n. 151, p. 28, 2001.

II. NOÇÃO E ALCANCE DO TRABALHO DECENTE: A IGUALDADE ENTRE TRABALHADORES

A definição de trabalho decente, introduzida pela primeira vez na Memória do diretor geral à Conferência Internacional do Trabalho de 1999, contém uma série de critérios fundantes que devem servir de guia para a construção normativa do trabalho por conta alheia. A saber, trabalho produtivo em condições de liberdade, equidade, segurança e dignidade, no qual os direitos são protegidos e que conta com uma remuneração adequada e proteção social[6]. De tal modo, que o trabalho decente apresenta-se como um *standard* mínimo que deve reunir qualquer emprego, onde restem essenciais tanto a sua quantidade quanto a sua qualidade.

A colocação em marcha da formulação política do trabalho decente se fez descansar sobre quatro grandes áreas de ação: os direitos trabalhistas, o emprego, a proteção e o diálogo social[7]. Quer dizer, trata-se de uma noção integradora de todos aqueles âmbitos que, de uma forma ou de outra, incidem no trabalho, por conta alheia. Portanto, nos encontramos perante um conceito cheio de possibilidades quanto a seu alcance. Neste estudo, quer-se apresentar o trabalho decente desde a perspectiva da igualdade material entre trabalhadores.

Com efeito, uma das características comuns à maioria dos ordenamentos jurídicos é o da fragmentação das classes trabalhadoras[8]. Isto é, a constatação de trajetórias trabalhistas diversas, plasmadas em estatutos jurídicos desiguais, que implicaram de forma generalizada a instalação de biografias trabalhistas desiguais e degradadas. Dita conveniência de biografias trabalhistas desiguais constituiu a ponta de lança do fenômeno global da precariedade sociolaboral. Por isso, o trabalho decente, independentemente de suas múltiplas especificações e aplicações, tem como objetivo sua extensão a *todos* os trabalhadores[9]. O objetivo da igualdade como conteúdo essencial do trabalho decente encontrou um grande desenvolvimento no âmbito da igualdade de gênero no tocante à criação de emprego, do acesso à proteção social, ao diálogo social e aos direitos. Assim, o tratamento e desenvolvimento que recebem as desigualdades entre mulher e homem devem extrapolar qualquer tipo de desigualdade injustificada, tenha como origem a idade, a nacionalidade, a duração do vínculo jurídico de admissão do trabalhador à empresa, etecetera.

Em matéria de criação de emprego, avançou-se no estudo e a tomada de consciência do valor da igualdade entre mulheres e homens, detectando como os

---

(6) OIT. *Trabajo decente*, Memória do diretor geral à 87ª reunião da Conferência Internacional do Trabalho. Genebra, 1999.
(7) Coincidentes com os quatro objetivos estratégicos fixados no programa da OIT para 2000-2001.
(8) A este respeito, ver o interessante trabalho de GHIONE, H. Barreto. Concepto y dimensiones del trabajo decente: entre la protección social básica y la participación de los trabajadores en la empresa. *Boletín Cinterfor*, Montevidéu, n. 51, p. 153-172, 2001.
(9) Veja-se o conteúdo da *Jornada Mundial pelo Trabalho Decente*, 7 de outubro de 2008. Disponível em: <www.ituc-csi.org>.

mercados de trabalho caracterizam-se por estabelecer diferenças em razão do gênero. Ditas diferenças injustificadas são produzidas de uma forma generalizada, tanto no acesso como na permanência e saída das mulheres. De tal forma que dentro dos planos de atuação se determinou a necessidade de que tanto a criação de emprego público como privado devem integrar uma perspectiva de gênero e deve ser coordenadas, por governos, representantes empresariais e representantes sindicais. Assim, a OIT propôs como instrumentos as comissões de igualdade, os orçamentos com perspectiva de gênero, a evolução sistemática dos avanços produzidos em matéria de igualdade de oportunidades entre mulheres e homens. Estes mesmos instrumentos teriam validade no âmbito de qualquer desigualdade.

No que pertine ao acesso à proteção social, como mecanismo que garante a luta contra a pobreza e a desigualdade, segundo a OIT, seria necessário menos de dois por cento do Produto Interno Bruto mundial para cobrir as prestações básicas de todos os pobres do mundo. Tendo em conta que a pobreza no mundo tem uma marcada dimensão de gênero, as políticas públicas adotadas para uma melhor distribuição da riqueza beneficiarão indubitavelmente às mulheres e contribuirão para que saiam da pobreza extrema.

De sua parte, o acesso igualitário ao diálogo social supõe outro dos grandes desafios do trabalho decente. Para avançar na igualdade entre trabalhadores é totalmente necessário o diálogo social e sem dúvida o fortalecimento da presença nos processos de diálogo social daquelas coletividades de trabalhadores que sofrem de forma mais intensa ditas desigualdades (mulheres, imigrantes e jovens). Com relação às mulheres, segundo dados da OIT, representam, na atualidade, cerca de 15 por cento do total dos membros (governos, trabalhadores e empresários) do diálogo social. Quem ostenta maior representação de mulheres são os governos, seguidos dos trabalhadores e por último dos empresários, cuja representação por mulheres oscila em torno de 10 por cento.

Por último, deve-se abordar o quarto grande pilar do trabalho decente: o acesso aos direitos em condições igualitárias. O desafio que propôs a OIT de conseguir que as mulheres desfrutem de um trabalho decente deveria ser exportado em caráter geral a todos aqueles coletivos de trabalhadores que, por um motivo ou outro, sofrem discriminações no emprego e no trabalho. A convivência de biografias trabalhistas com direitos e sem eles produz um efeito devastador não somente nas pessoas que sofrem ditas discriminações, mas nas sociedades que suportam estas desigualdades. Por isso, as organizações sindicais tomaram uma parte ativa na difusão do Programa Trabalho Decente. Em janeiro de 2007, lançou-se a campanha "Trabalho Decente, Vida Decente", pela CSI, CES, o Foro Progressista Mundial, Solidário e Social Alert International, com o objetivo de sensibilizar sobre o tema do trabalho decente e demonstrar que este erige-se em um valor fundamental para garantir a democracia. Dentro do marco desta campanha devem se destacar eventos mundiais, como o realizado no ano de 2008 sobre Trabalho Decente, Vida Decente para a mulher. Seria recomendável, insistimos neste particular, que este tipo de ações se generalizasse ali onde existem situações claras de desigualdade.

III. TRABALHO PRODUTIVO PRESTADO EM DETERMINADAS CONDIÇÕES: O RESPEITO AOS DIREITOS FUNDAMENTAIS

Uma das questões mais polêmicas geradas em torno do trabalho decente tem a ver com a suspeita que despertou tal reivindicação nos setores empresariais em relação à diminuição da produtividade que, segundo aquele parecer, acarretaria a materialização de tal conceito. A situação atual de crise e as receitas para a saída dela que estão sendo propostas a partir de determinados âmbitos supõe uma boa mostra disso[10]. Dito de outra forma, os avanços conseguidos em épocas de estabilidade econômica correm o risco de sofrer um sensível retrocesso em momentos como o atual, ainda que as verdadeiras razões tenham mais a ver com motivos ideológicos espúrios que com a situação real de funcionamento das empresas. Por isso, resta de todo necessário, mais ainda no momento atual, insistir sobre a forma e as implicações de certos direitos como os direitos sociais, em geral, e o Direito do Trabalho em particular, a propósito da reivindicação do trabalho decente. E isso com base em uma circunstância como é a de que o reconhecimento constitucional do Direito ao e do trabalho teve sempre que se confrontar diretamente com a livre iniciativa e a propriedade privada.

Com efeito, a tensão entre capital e trabalho foi ordenada nos textos normativos, inclusive naqueles de máximo nível. Deste modo, ambos direitos constitucionais, reconhecidos como fundamentais, estão obrigados a se enfrentar por meio do juízo de ponderação, caso a caso. Esta resposta jurídica aparece, nas últimas duas décadas, obscurecida pela imposição da cultura hegemônica do neoliberalismo, lançando como consequência direta um desequilíbrio original que termina por reforçar incansavelmente a propriedade privada e a livre iniciativa. Assim, os direitos sociais foram perdendo preponderância jurídica até permear nas sociedades, que hoje admitem como irremediável a primazia da propriedade privada.

O trabalho decente, pelo contrário, obriga a recuperar a *linguagem dos direitos sociais* para, com isso, assegurar o gozo dos direitos dos trabalhadores, já que este implica um trabalho produtivo, que gera mais-valia, mas que, por sua vez, deve se prestar em determinadas condições.

A primeira delas consiste em tender ao pleno emprego como corolário do direito à igualdade material, inclusive em momentos como o atual, em que a crise golpeou intensamente o emprego. A este respeito, deve se fazer menção à 98ª Conferência Internacional do Trabalho, celebrada de 9 a 13 de junho de 2009, cujo

---

(10) Ver a respeito a excelente contribuição no âmbito espanhol de REY, J. Perez. Escenas del derecho del trabajo en (la) crisis: el mercado segmentado ante el diálogo social. *RDS*, n. 48, p. 241-154, 2009.

Informe da Comissão Plenária sobre respostas à crise apresentava em sua seção 30 a necessária redistribuição do emprego mediante técnicas como a redução do tempo de trabalho[11].

A segunda, um trabalho são como conteúdo essencial do trabalho decente. A Jornada Mundial pelo Trabalho Decente, de 7 de outubro de 2008, insistiu sobre este vício que continua acompanhando ao trabalho de forma perversa. A troca de trabalho por salário não pode implicar na deterioração da saúde do trabalhador, além de certo desgaste como consequência do desenvolvimento de sua prestação de trabalho. Por isso, qualquer decisão empresarial que submeta a risco a vida e integridade física e moral do trabalhador deve ser avaliada negativamente pelos ordenamentos jurídicos. A normativa da OIT trabalha na direção da prioridade do direito à vida e integridade física e moral dos trabalhadores perante o direito à propriedade privada.

Em último lugar, deve se destacar que o trabalho decente acolhe em sua formulação o necessário desenvolvimento livre da personalidade do trabalhador, de modo tal que permita a atenção às necessidades familiares e pessoais dos trabalhadores. Este conteúdo do trabalho decente encontrou um grande desenvolvimento político e normativo no âmbito da igualdade entre mulheres e homens que, no entanto, deveria ser potencializado em outros âmbitos.

Estes conteúdos essenciais do trabalho decente, com bastante frequência, aparecem obscurecidos ou inclusive negados por uma questão de más práxis judiciais que terminam por priorizar o direito à propriedade privada e à livre-iniciativa frente aos direitos já mencionados. No entanto, os operadores jurídicos aparecem obrigados pelo ordenamento jurídico a conjugar os direitos (fundamentais) em conflito sem que possam ficar desfigurados ou anulados. Daí que se deva insistir na importância fundamental do denominado juízo de ponderação diante de uma possível colisão entre os direitos dos trabalhadores e do empresário.

Com efeito, existe uma tendência, seguramente motivada por aquela hegemonia cultural do neoliberalismo, em aceitar sem censuras a limitação e diminuição dos direitos dos trabalhadores quando enfrentam interesses empresariais que resguardam a propriedade privada. Não obstante, tal juízo de ponderação deve prestar especial atenção aos princípios da necessidade e razoabilidade, antes de começar a valorar a proporcionalidade dos sacrifícios respectivos. Dito de outro modo, os direitos afetados pelo poder privado da empresa agridem direitos de primeira magnitude como o direito à vida e integridade física, o livre desenvolvimento da personalidade ou, em última instância, o direito à igualdade material e a uma existência digna. Por isso, os operadores jurídicos não podem mais aceitar que a colisão entre direitos reconhecidos constitucionalmente deva jogar como consequência direta a diminuição proporcional de ambos direitos, mas que se deve insistir

---

(11) Em nível europeu, deve se destacar, na mesma linha de ação, o Congresso de Praga de 7 de maio de 2009.

na análise prévia a esta circunstância, exigindo um juízo de necessidade da medida empresarial e de sua razoabilidade[12]. Este tipo de prática alberga um potencial de longo percurso, já que poder-se-ia chegar à conclusão em muitas ocasiões, com base em uma adequada valoração da necessidade e razoabilidade da medida empresarial, de que não existe tal colisão de direitos.

O poder privado alberga em seu código genético uma propensão à dominação social que não responde a parâmetros de necessidade e razoabilidade, mas, pelo contrário, a circunstâncias tais como a violência e a exploração[13]. Por isso, o trabalho decente deve constituir o limite infranqueável ao poder privado quando o que está em jogo é a vida dos trabalhadores, uma existência digna ou a possibilidade de desenvolver o mais livremente possível um projeto vital.

---

(12) Um exemplo deste tipo de práxis judicial, no âmbito espanhol, pode ser examinado no trabalho de TRILLO, F. La dimensión constitucional de los derechos de conciliación de la vida personal, familiar y laboral. *RDS*, n. 45, p. 145-158, 2009.

(13) Sobre a violência do poder privado, deve se destacar o impactante trabalho de BAYLOS, A.; REY, J. Pérez. *El despido o la violência del poder privado*. 2. ed. Madrid: Trotta, 2009. N.T. Trabalho publicado no Brasil, em português, pela LTr Editora sob o título *A dispensa ou a violência do poder privado*.

6. Direito a uma Retribuição Digna, que cubra todas as Necessidades do Trabalhador e de sua Família e que, Ademais, Leve em conta os Benefícios Obtidos pelo Empregador

A Função do Salário

Nunzia Castelli

I. Introdução: a função econômica e social do trabalho remunerado

O art. 1º da Convenção OIT n. 95 define salário como toda "remuneração ou ganho... devida por um empregador a um trabalhador em virtude de um contrato de trabalho, escrito ou verbal, pelo trabalho que este último tenha efetuado ou deva efetuar ou por serviço que tenha prestado ou deva prestar". A remuneração do trabalho conforma, com efeito, o elemento causal do contrato típico de trabalho, representando, contemporaneamente, um dos direitos trabalhistas clássicos e o objeto da correlativa e principal obrigação empresarial.

Desde o ponto de vista da estrutura jurídica do contrato de trabalho, o salário desenvolve uma transcendental função de retribuição econômica do trabalho. Inserem-se nesta perspectiva todas aquelas normas, legais e convencionais, nacionais e internacionais, orientadas a assegurar certa proporcionalidade entre retribuição e o valor (quantidade e qualidade) do trabalho prestado, assim como as disposições relativas à garantia dos créditos salariais pendentes.

No entanto, mais além de representar só o objeto de uma obrigação de natureza econômica posta a cargo do sujeito que, qual titular dos meios de produção, adquire de forma originária os frutos do trabalho alheio, o salário desenvolve uma transcendental função social. Representa o meio através do qual assegurar o pleno desenvolvimento individual e social da pessoa. Esta distinta função, portanto, transcende, e em certa medida inclusive prescinde do caráter sinalagmático das obrigações principais do contrato de trabalho, desenvolvendo um papel distinto do de mera prestação obrigacional.

Identificam-se assim duas dimensões inseparáveis e complementares da relevância social do salário: a individual (e familiar) e a político-social. O trabalho remunerado não é só manifestação e exercício de um direito fundamental da pessoa, instrumento de garantia de uma vida pessoal e familiar livre e digna, mas também meio e instrumento de participação democrática na construção da ordem social, política, econômica e cultural. Por meio do trabalho remunerado, os trabalhadores e suas famílias — excluídos da titularidade dos meios de produção — conseguem ter acesso a efetivas possibilidades de participação econômica e político-social.

É em relação a esta segunda e transcendental função social do salário que desde sempre a proclamação e o reconhecimento do direito à remuneração do trabalho configura-se como direito não ao salário simplesmente, mas a um salário "adequado"[1], "equitativo e satisfatório"[2].

Mais recentemente, o direito a uma remuneração adequada veio a conformar parte essencial da noção de "trabalho decente", expressão cunhada por Juan Somavía em seu primeiro Informe (1999) como diretor geral da Organização Internacional do Trabalho[3]. A ideia força subjacente é a de resgatar por esta via o trabalho como expressão da dignidade e da liberdade humana e, por fim, como dimensão fundamental das pessoas, revertendo a tendência à remercantilização impulsionada pela hegemonia cultural e política das ideologias de corte neoliberal.

A relação de interdependência existente entre a dignidade da condição humana e o trabalho como sua expressão central configura a remuneração do trabalho

---

(1) Assim, a Constituição originária da OIT adotada em 1919, que fazia referência ao "pagamento de um salário adequado" como uma das melhoras requeridas com maior urgência para promover a paz universal e combater o mal-estar social, as penúrias e as privações que afetam a tantas populações. Veja-se também a Declaração da Filadélfia de 1944 relativa aos fins e objetivos da Organização que partia do pressuposto de que "a pobreza, em qualquer lugar, constitui um perigo para a prosperidade de todos" e destaca a necessidade de fomentar, entre todas as nações do mundo, programas que permitam "adotar, em matéria de salários e ganhos e de horas e outras condições de trabalho, medidas destinadas a garantir a todos uma justa distribuição dos frutos do progresso e um salário mínimo vital para todos os que tenham emprego e necessitem esta classe de proteção".
(2) Assim, o art. 23.3 da Declaração Universal dos Direitos Humanos das Nações Unidas (1948) que definia o direito ao salário como o direito de "toda pessoa que trabalha por uma remuneração equitativa e satisfatória, que lhe assegure, assim com a sua família, uma existência conforme a dignidade humana e que será completada, em caso necessário, por quaisquer outros meios de proteção social".
(3) SOMAVÍA, J. *Trabajo decente*, memória diretor geral OIT. jun. 1999. Disponível em: <www.ilo.org>.

pessoal como instrumento de participação na riqueza que o trabalho humano gera e não só resposta à satisfação das meras exigências de cobertura das necessidades básicas das/dos trabalhadoras/es e de suas famílias. Não se trata portanto de garantir o direito a uma retribuição qualquer, nem tampouco de assegurar uma retribuição de mera subsistência, mas de reconhecer o valor econômico, social e político do trabalho e portanto o direito de todos os trabalhadores a dele participar.

II. AS MÚLTIPLAS DIFICULDADES EXISTENTES

Não obstante o que foi dito até agora, são múltiplos ainda os problemas acerca da efetividade do reconhecimento do direito a uma retribuição adequada, equitativa e justa. Problemas que décadas de políticas econômicas neoliberais contribuíram para agravar, mas que, no entanto, lançam suas raízes no geral e cada vez mais manifesto desequilíbrio ao que tende naturalmente a organização capitalista na distribuição do poder social e econômico e dos benefícios derivados do trabalho.

É justamente este desequilíbrio que se viu acrescido como efeito da atual fase de recessão da economia mundial arrastada pela crise imobiliária e financeira desencadeada nos Estados Unidos em meados de 2008. O aumento exponencial do desemprego é só uma de suas manifestações mais destacadas.

Se é verdade que a própria ausência do trabalho fecha a via a qualquer discussão acerca de como garantir condições salariais adequadas, é igualmente certo que a esta situação de desamparo e exclusão contribuem outros fatores certamente relevantes. Entre eles, cabe destacar dois em especial: as fortes limitações existentes à mobilidade internacional do trabalho, que contrasta com a liberalização das trocas comerciais e da circulação de capitais, e as profundas discriminações no acesso e nas condições de trabalho de que são vítimas as mulheres de todo o mundo. Ambos fatores contribuem ao desconhecimento do "direito de fuga"[4] de condições de vida incompatíveis com o respeito ao valor da dignidade das pessoas.

Políticas migratórias irrazoavelmente restritivas não somente fomentam a imigração clandestina e, com isso, fenômenos tão aberrantes como o tráfico de seres humanos ou a escravidão por dívidas, como concorrem também à produção de graves distorções no funcionamento do mercado de trabalho. Se a criminalização e as restrições à imigração confinam milhões de trabalhadores ao âmbito do trabalho informal — enquanto tal, necessariamente desprotegido —, a aceitação de regulações do fenômeno migratório que legalizam diferenciações no tratamento em razão da nacionalidade do trabalhador, inclusive quando regularmente presente no território do Estado de destino, concorrem a criar situações de concorrência desleal no mercado

---

(4) Em expressão de MEZZADRA, S. *Diritto di fuga. Migrazione, cittadinanza, globalizzazione*. Verona: Ombre Corte, 2001.

de trabalho entre trabalhadores nativos e trabalhadores migrantes, fomentando o *dumping* social, dificultando a convivência e o enriquecimento recíproco. Com efeito, por um lado continua-se vinculando o reconhecimento do direito ao trabalho (remunerado), com tudo o que isso significa em termos de reconhecimento de direitos e de participação democrática, ao pertencimento do sujeito a um determinado território nacional. Por outro, registra-se uma involução do valor social e político da cidadania, reduzida ao microconceito de nacionalidade.

Por outra parte, as discriminações das que continuam sendo objeto as mulheres no mercado de trabalho em suas múltiplas manifestações golpeiam fortemente também os níveis retributivos do conjunto de trabalhadores. A brecha salarial entre trabalhadores e trabalhadoras persiste não obstante as tentativas da legislação vigente de erradicá-la. Vítimas de discriminações diretas e indiretas, da desvalorização social e econômica do trabalho feminino, da segregação no mercado de trabalho e de políticas de conciliação e corresponsabilização ineficazes, as mulheres trabalhadoras se veem com frequência presas em espirais que conduzem à pobreza, à marginalização e à exclusão social.

Tanto as migrações econômicas como a massiva incorporação das mulheres ao mercado de trabalho carregam assim valor exemplar tanto no sentido de que expressam a luta, muitas vezes brutal, pelo reconhecimento de uma cidadania social universal qualificada pelo trabalho (decente), como porque permitem ressaltar processos de desestruturação do mercado de trabalho e de espoliação de direitos que afetam a classe trabalhadora em seu conjunto.

III. A INTERVENÇÃO PÚBLICA E COLETIVA NA DETERMINAÇÃO DAS CONDIÇÕES SALARIAIS E AS CRÍTICAS NEOLIBERAIS

O interesse público geral subjacente à regulação dos mercados de trabalho e a exigência de corrigir as tendências antidistributivas próprias da estruturação da economia e da sociedade sobre a base do modelo capitalista de produção e consumo explicam por que desde sempre se tenha tentado empreender uma regulação pública e coletiva das condições de vida e de trabalho — e entre elas do salário — como via de composição do conflito social estrutural subjacente.

No entanto, a progressiva interiorização de muitas das críticas e das receitas neoliberais elaboradas em resposta à crise capitalista de meados dos anos 1970 conseguiu interditar a importância de uma intervenção pública e sindical na matéria. Na intenção declarada de liberalizar as forças econômicas dos condicionamentos e dos limites derivados do reconhecimento dos direitos sociais, a retórica neoliberal pretendeu repetidamente colocar em discussão a necessidade e a própria oportunidade da intervenção pública à proteção do trabalho e à função igualadora derivada do reconhecimento de um estatuto jurídico à garantia da dignidade da condição de cidadão trabalhador.

Por meio da exaltação dos valores da competitividade, do espírito empreendedor e do egoísmo individual, a tendência geral foi a individualização na definição das condições de trabalho, salário inclusive, e a conformação da empresa como espaço autônomo e autossuficiente de regulação e negociação. A descoletivização derivada traduziu-se em muitas ocasiões em uma expulsão do sujeito sindical, obstaculizado, quando não diretamente impedido, no desempenho de sua função básica de instrumento de racionalização dos poderes empresariais e do funcionamento da empresa, a favor de vias microcorporativas de representação dos trabalhadores de caráter não sindical. Em outras ocasiões, em contextos de debilidade sindical prévia, a reexpansão do poder social da empresa reverteu-se de forma mais simples em um claro alargamento da unilateralidade e discricionariedade no exercício dos poderes empresariais muito pouco conforme com as exigências derivadas da garantia da dignidade do trabalho.

Por outra parte, a tendência geral à vinculação de partes substanciais da retribuição aos resultados econômicos da empresa ou ao rendimento individual de cada trabalhador produziu resultados discutíveis em termos de eficiência econômica da empresa e de aumento da produtividade do trabalho, não importou tampouco uma significativa e efetiva participação dos trabalhadores nos benefícios empresariais.

Se a isso se somam as décadas de moderação salarial e portanto o estancamento do valor real dos salários com relação ao aumento da produtividade, assim como uma desigualdade salarial cada vez maior e a proliferação de trabalhos descontínuos, precários e mal retribuídos em que se concentram os setores mais vulneráveis da população, obtém-se como resultado um substancial empobrecimento dos lares. Produz-se assim aquela espiral negativa entre baixos salários, endividamento privado por meio, entre outras coisas, de créditos hipotecários de alto risco e especulação financeira que levou finalmente ao atual contexto de crise econômica e financeira mundial[5].

IV. Algumas reflexões de conjunto

A fase atual do desenvolvimento capitalista destaca a falsidade e o caráter instrumental das pretensões neoliberais de desregulação do mercado de trabalho, de políticas públicas de fomento do emprego centradas sobre a regressão dos direitos sociais, a contenção salarial e a precariedade laboral, dirigidas à afirmação de uma determinada e ideologicamente orientada opção de política do direito mais favoráveis aos interesses empresariais. Destaca a tentativa de ruptura do compromisso, sempre móvel e nunca definitivamente alcançado, entre as exigências de racionalização econômica dos direitos e de racionalização jurídica da economia em sentido mais favorável à recuperação da unilateralidade e da autoridade do poder privado.

---

(5) Assim o destaca a própria OIT em um recente informe: OIT, *Informe mundial sobre salarios. Actualización 2009*, p. 1 e 2. Disponível em: <www.ilo.org>.

A crise de legitimação de um sistema de organização econômica e social que produz e reproduz tremendas desigualdades sociais, fomenta a exclusão e a pobreza de parcelas crescentes da população, fragmenta e desestrutura a organização coletiva dos trabalhadores e desvirtua o valor político do trabalho e da cidadania que por meio deste é obtida, abre novas e talvez inéditas possibilidades para reconstruir uma nova dialética dos direitos que seja capaz não só de inverter a tendência regressiva engendrada, mas também de avançar no reconhecimento do valor universal do trabalho produtivo, prestado em condições de igualdade, equidade, segurança e dignidade no qual os direitos dos trabalhadores são protegidos e que conta com uma remuneração e uma proteção social adequadas. Um trabalho que seja fonte de rendas suficientes a um desenvolvimento pessoal e social o mais livre possível dos sujeitos que se veem obrigados a prestá-lo, que permita ao trabalhador e a sua família o desenvolvimento de uma vida livre, digna, escolhida, que assegure possibilidades reais de participação democrática no processo de reconstrução da ordem social, econômica e política, porta de acesso a uma nova cidadania inclusiva e includente, solidária e justa: um trabalho decente.

7. Direito a uma Real e Efetiva Jornada Limitada de Trabalho. Os Estados Deverão Exercer, com a Energia Necessária e com os Meios Adequados, seu Poder de Polícia Laboral, para Evitar toda Transgressão aos Limites Máximos de Trabalho

Uma Histórica Conquista Social, Permanentemente Ameaçada

David Duarte

I. Introdução

A razão que motiva traçar uma real e efetiva jornada limitada de trabalho é que os embates flexibilizadores e propostas de desregulação situaram o mundo do trabalho em um terreno de desordem, onde ocupam o centro da cena as questões econômicas, como centrais para a geração de emprego, e com isso uma nova discussão sobre as relações de trabalho. As decisões políticas na região, ao ritmo marcado pelos organismos internacionais de crédito e o chamado "Consenso de Washington", traçaram políticas contrárias aos direitos dos trabalhadores, que provocaram uma retração que tardou uma década em reagir, gerando uma flexibilidade de fato que restou mais forte que a que havia sido gerada politicamente.

Há uma tentativa de recuperação e um caminho de volta ou restauração. Nele vai a recuperação de uma jornada limitada, com mínimos que estabelecem as normas internacionais (Convenção n. 1, 8 horas e 48 semanais), e com a ideia sempre presente de buscar uma redução, como contrapartida da produtividade das empresas com a incorporação tecnológica, visto, por certo, como melhora da qualidade de vida das pessoas na sociedade. No entanto, os avanços da "tecnotrônica" não se traduziram em uma melhora na qualidade de vida dos trabalhadores, mas para eles significou mais horas de trabalho por salários tão paupérrimos que não são suficientes para satisfazer suas necessidades básicas. Salários cada vez menores pelo grande número de desocupados que esperam entrar na rotatividade do emprego, substituindo outros que trabalham mais horas do que lhes permite sua saúde.

Estas correntes "economicistas" desencadeadas na década de oitenta, chegando à crista da onda na de noventa, hoje mostram seu fracasso e também a devastação dos direitos sociais conquistados pelos trabalhadores. Tal sacrifício social transformou a sociedade do trabalho em uma crise de inserção política dos trabalhadores neste novo esquema que apresenta uma sociedade hierárquica, com dominação preferencial de grandes monopólios empresariais em que os trabalhadores não têm inserção nem cabimento nas decisões econômicas que se empreendem, apesar de seguir sendo o que aporta a força de trabalho e, por sua vez, é o principal consumidor em massa dos bens e serviços que se produzem.

A complexidade do mundo globalizado, onde concorrem distintas culturas e formas jurídicas diferentes, não nos pode desorientar sobre as questões básicas do homem e da mulher trabalhadores: satisfazer suas necessidades vitais, como alimento, descanso, moradia, vestuário etc. A economia, em linhas gerais, define-se como a forma em que se organiza a sociedade para satisfazer suas necessidades e desejos mediante a troca nos mercados. No entanto, querem apresentá-la como um princípio (quase filosófico) que responde a tudo. Um funcionamento de validade universal, para todas as disciplinas, como se tentou mostrar, substituindo (ou tentando) a sociologia, a política, o direito e, por que não, o direito do trabalho, que conduz ao avassalamento de qualquer terreno da vida, por um suposto efeito maximizador que deriva também da mal entendida concorrência.

Por esta razão, não se pode perder de vista que o ser humano que trabalha necessita de uma renda para viver dignamente, mas seu salário não deve ser a custo de colocar em risco sua saúde, sua vida e seus vínculos familiares e sociais, por falta de tempo ao necessitar mais horas de trabalho para cobrir suas necessidades vitais. A limitação da jornada de trabalho não é em termos de fixação de limites salariais, mas em termos de saúde e de compreender a pessoa que trabalha em um sentido integral, como ser individual, com suas necessidades e também como ser social, envolvido em um projeto como sociedade civilizada e não como mero fator da produção. Como um ser humano e não como uma mercadoria. Ou seja, deve compreender uma forma de organização pessoal e social, no qual o homem e a mulher trabalhadores possam levar adiante uma vida ordenada, pensada como formação de um cidadão livre, com possibilidades de se realizar como pessoa mediante objetivos básicos, como formar uma família e ter um projeto de vida digno para eles e transmitir a sua descendência um modelo de vida para uma sociedade civilizada. Por isso, deve se tratar do tempo em que se vive, como essencial para o fortalecimento dos laços sociais para o desenvolvimento humano, que não é só econômico. A tentativa de criar uma sociedade em que as grandes decisões políticas são tomadas segundo as pretensões de investidores desconhecidos, sem a participação democrática popular e desconhecendo as classes contrapostas, é letal para a manutenção de certa estabilidade política de qualquer governo.

As razões que inspiraram a maioria das nações do mundo a assinar o Tratado de Paz de Versalhes de 1919 (em que reconheceram que não há paz duradoura sem justiça social e que o trabalho não deve ser considerado uma mercadoria), são as mesmas que hoje são debatidas. Pensar na limitação da jornada é pensar na saúde do trabalhador, mas também na saúde da população. É pensar no cidadão, e como tal um cidadão na empresa com todos os seus direitos à vida, à saúde ou a um projeto de vida digno. Assim foi como, naquela época, quem consagrou a primeira convenção da Organização Internacional do Trabalho sobre limitação de jornada laboral disse sem rodeios: "Não se trata da simples jornada de oito horas, baseando-se em horas adicionais pagas extraordinariamente. Não é questão de salário, mas de saúde". O cansaço no ano de 1919 é o mesmo que hoje tem qualquer trabalhador que desempenha seu trabalho por mais de oito horas. O bem jurídico protegido é a saúde do trabalhador, então a expressão deve ser entendida nesse único sentido. A extensão da jornada de fato sem controle, aceita sem questionamento pelo trabalhador pela necessidade de melhorar sua renda, é uma armadilha mortal.

A criação flexibilizadora, nefasta para a saúde dos trabalhadores, foi a "jornada de trabalho a tempo parcial", que deve ser totalmente eliminada da legislação trabalhista. Pensada na Europa para incorporar mulheres com atividades domésticas e jovens estudantes, é usada na América Latina para pagar menos aos trabalhadores e trasladar-lhes o risco empresarial que supõe os tempos mortos da atividade econômica. O problema para o trabalhador é que diante do desemprego, aceita este tipo de modalidade, mas face à escassa renda, pelas poucas horas que trabalha, o trabalhador atua em vários empregos deste tipo, para distintos empregadores. Dessa maneira, o mesmo trabalhador termina sua jornada com tarefas em excesso do limite legal, mas como é para distintos empregadores, é permitido, ainda que sem pagamento de horas extraordinárias, excedendo-se no que sua saúde lhe permite e investindo mais tempo que as oito horas ideais que sonega de sua vida de relação familiar e social.

O problema segue sendo o mesmo há cem anos. O trabalhador vai buscar um sustento para viver e é tomado em termos de seu rendimento econômico e os custos que gera para a empresa. Não se pensa em um ser humano que trabalha para viver, mas em termos de mercado de trabalho, ou seja, que o trabalho é considerado uma mercadoria. No jogo do mercado sempre está em risco o capital. Nessa relação de troca um põe o capital e o outro, como não tem outro capital que seu corpo, investe o mais valioso que possui: sua saúde e sua vida.

Deve se limitar o "trabalho" em relação ao tempo de sua duração. Quando se reflete sobre o tema, a ideia subjacente é o limite de trabalho em uma jornada, em que esse limite vincula-se com a saúde e trabalho-jornada com o salário. No entanto, nos fatos essa legislação "garantista" recebida pela maioria dos países da região não é respeitada. As situações mostram comportamentos contrários à lei. Sua tolerância reconhece um só motivo: a escassa vontade política de querer controlar que se respeitem os mínimos legalmente garantidos. O trabalhador, mais que cúmplice, é vítima desta circunstância.

II. AS FUNÇÕES DO ESTADO

Dizíamos que os anos noventa caracterizaram-se por uma flexibilização de fato, que foi mais acentuada com a evasão fiscal e a fuga do registro trabalhista, como situação de fraude trabalhista e novas formas jurídicas que tentam evitar a normativa protetiva criando figuras não trabalhistas. Toda essa estratégia do setor empresarial, para maximizar seus lucros, não explica suficientemente o problema da evasão, porque existem muitos empresários que cumprem, como também há muitos atores sociais que, sem ser os que detêm os bens de produção, desempenham um papel fundamental na evasão das obrigações e conjuram permanentemente para evitar o sistema jurídico que nos rege. A ideia é que há normas sociais que em linhas gerais representam na região o que se chama formalmente um "Estado Social de Direito", denominação como produto avançado do simples "Estado de Direito" do sistema "demoliberal" imperante no século XIX, que a seguir evoluiu para o chamado "constitucionalismo social". As políticas traçadas depois dos anos oitenta na região, de corte liberal, reagiram contra este modelo de Estado de bem--estar e seduziram aos governos da vez, sedentos de créditos internacionais, e condicionaram uma diminuição do Estado e uma retirada naqueles espaços de controle das normas garantistas, com notável redução de pessoal disponível para sair e enfrentar os fugitivos. Os que contam com maior capacidade econômica para enfrentar as exigências legais jogam paralelamente com aquele sistema legal imposto a todos por igual. Os fugitivos jogam com outros códigos, pois se existem contratações e pagamentos irregulares, existem entradas e saídas de dinheiro não contabilizado, tudo o que não só afeta ao trabalhador e à sua família diretamente, mas também à macroeconomia e, em geral, toda a sociedade. Este resultado não é o que todos aceitamos no jogo da democracia. Aparece em cena uma notável desigualdade entre os que cumprem e os que têm poder para não fazê-lo e esquivam--se da "obediência à lei".

Existe certo discurso injustificado que sustenta a evasão na excessiva pressão tributária ou em que o Estado gasta mal o dinheiro arrecadado. Argumento falso que oculta a verdadeira intenção de acumular riqueza desmedidamente, dissimulada por trás do discurso de apoio liberal que é funcional a dito acúmulo e recusa toda imposição estatal. O ideal de igualdade que alenta toda a sociedade que pretende ser justa colide com tal pensamento sustentado na liberdade.

As primeiras normas de controle do sistema produtivo obedeceram à situação de abusos cometidos por aqueles que se sentiam donos não somente dos bens de produção mas também das vontades que aportava a força de trabalho. A necessidade dos investimentos estrangeiros somada a governos corruptos foram tolerando abusos que só poderiam ser freados pela permanência dos governos democráticos. Lamentavelmente, as constantes interrupções por grupos facciosos e "mercenários" deram sinais de mansidão à exploração indiscriminada da terra, dano ambiental, abuso de poder, trabalho forçado, pagamento insuficiente, endividamento do trabalhador, submissão, perda da liberdade, indiferença do poder político, interpostos para evitar responsabilidades próprias, listas negras. A resposta do sistema garantista não é somente a letra morta da lei, não se trata de declamações de direitos ocos mas de um alto nível de eficiência das normas do princípio protetivo que rege o direito do trabalho que de algum modo se realize concretamente. Não se trata somente de regulação protetora mas de como nos fatos essa regulação de proteção e asseguramento concorre, de modo tão coadjuvante como concludente, a entender que não basta enunciar direitos e liberdades para o trabalhador, mas que, ademais, é imprescindível um regime de Poder de Polícia que controle o cumprimento eficaz de tais normas, a fim de evitar que a realidade possa retalhá-los, quando não esvaziá-los de conteúdo. Quer dizer que restem ou não efetivos e não ilusórios, que o asseguramento e a proteção sejam mediante a atividade de um órgão público, a polícia do trabalho, projetam-se desde o momento em que a relação ou contrato laboral supõe regularmente uma desigualdade entre as partes que o compõem. A normativa "tutelar" dos trabalhadores fundamenta-se em "uma relação desigual entre ambas partes e, portanto, protege o trabalhador como a parte mais vulnerável que é"[1]. De tal maneira que se reforce o requerimento protetivo com um amplo controle por parte dos organismos estatais do cumprimento da normativa laboral, com o propósito de que o "excepcional significado, dentro das relações econômico-sociais existentes na sociedade contemporânea", que exibe o preceito, materialize-se concretamente.

Nos parece oportuno trazer algumas linhas de uma recente decisão, no caso "Aerolíneas"[2], da Corte Suprema de Justiça da Nação Argentina, que em matéria de controles do Estado assinalou alguns pontos que devem ser inesquiváveis em

---

(1) Corte Interamericana de Direitos Humanos. *Condición jurídica y derechos de los migrantes indocumentados*, opinião consultiva OC 18/03, 17 de setembro de 2003, série A n. 18, § 149.
(2) CSJN *in re*: A. 1792, XLII, recurso de fato "Aerolíneas Argentinas S.A. c/ Ministerio de Trabajo", sentença de 24.2.2009.

qualquer estudo sobre a questão. Ali, assinalou-se que as Convenções ns. 81 e 129 da Organização Internacional do Trabalho (OIT) reclamam, com ênfase no menor, o fortalecimento da política do trabalho. A respeito, pontualizou-se que "todos os Estados deverão adotar disposições para organizar um serviço de inspeção do trabalho... a fim de assegurar a aplicação das leis e regulamentos relativos à proteção dos trabalhadores"[3], previu que à ajuda a melhora da inspeção do trabalho formaria parte do mandato da Oficina Internacional do Trabalho[4].

Desde logo, não pode ser passado por alto que já em sua primeira reunião (1919), a Conferência da OIT havia adotado a recomendação sobre a Inspeção do Trabalho (serviços de higiene, n. 5), que preconizava um sistema de inspeção encarregado de vigiar a saúde dos trabalhadores. Quatro anos mais tarde, dita conferência consagrou a única questão de ordem do dia a "princípios gerais para a organização da inspeção do trabalho". Uma consequência disso foi a recomendação sobre a Inspeção do Trabalho (n. 20), de 1923, sustentada em que "a criação de um serviço de inspeção deve ser indiscutivelmente recomendada, por constituir um dos meios mais eficazes de assegurar a aplicação de convenções e outras obrigações concernentes à regulamentação das condições de trabalho"[5].

Como fruto desta original e permanente preocupação chegou, em 1947, à Convenção n. 81 sobre a inspeção do trabalho nos estabelecimentos industriais e comerciais, que obriga aos Estados que o ratificaram a manter um "sistema de inspeção" encarregado de: a) velar pelo cumprimento das disposições legais relativas às condições de trabalho (tais como as referentes a "salários"); b) "facilitar informação técnica e assessorar aos empregadores e aos trabalhadores sobre a maneira mais efetiva de cumprir as disposições legais", e c) "colocar no conhecimento da autoridade competente as deficiências ou os abusos que não estejam especificamente cobertos pelas disposições legais existentes". O texto, ademais, dispõe que "a legislação nacional deverá prescrever sanções adequadas, que haverão de ser efetivamente aplicadas, nos casos de violação das disposições por cujo cumprimento velam os inspetores do trabalho" (arts. 1º, 3º e 18). Soma-se a isso, para 1969, a Convenção n. 129, que fez extensivas as obrigações estatais supracitadas ao âmbito da agricultura (arts. 3º, 5º e 24).

A respeito, no considerando 8 da sentença "Aerolíneas" citada, os juízes acresceram que as convenções mencionadas nos parágrafos precedentes exigem, como meio para proteção dos direitos dos trabalhadores, o estabelecimento de um sistema de inspeção trabalhista amplo e eficaz. Assim o destaca, ademais, o recente

---

(3) Art. 427 da Parte XIII, Seção II, do Tratado de Versalhes, de 1919, pelo qual se criou a OIT, dispôs de realizar os "princípios" que revestiam uma "especial e urgente importância".
(4) Art. 10.2.b da Constituição da OIT (1944).
(5) A Corte explicou que se inseriram nestes desenvolvimentos outras recomendações sobre a inspeção do trabalho, entre elas, a recomendação sobre a fiscalização do trabalho (pessoal do mar, n. 28), de 1926, e a recomendação sobre a fiscalização (construção, n. 54), de 1937.

estudo geral "Inspeção do Trabalho" acerca de ditos instrumentos pela já mencionada Comissão de Peritos em Aplicação de Convenções e Recomendações, organismo criado pela Conferência Internacional do Trabalho em sua oitava reunião, de 1926, que efetua o controle regular da observância pelos Estados-membros da OIT das convenções que tenham ratificado e que periodicamente elabora estudos sobre a evolução do direito internacional. Este informe, em suas observações finais, assinala: "Se nos últimos anos se produziu um reconhecimento cada vez maior da crescente importância da inspeção do trabalho na economia globalizada da atualidade, foi insuficiente o reconhecimento de uma complexidade da inspeção do trabalho crescente e de uns problemas que se apresentam quando se trata de responder com eficácia às crescentes demandas em torno dela...".

Enfatizou que o Conselho de Administração da OIT, em 1994, decidiu proceder a um ajuste das atividades de controle da organização acerca das convenções ratificadas, e incluiu, entre as quatro convenções consideradas "prioritárias", as citadas ns. 81 e 129. Um dos fundamentos residiu na capital importância que revestem estes instrumentos para as instituições do trabalho e a formulação de políticas nas matérias que tratam.

A Corte Suprema de Justiça argentina, no caso "Aerolineas", apontou as mudanças fundamentais que se registram no mundo do trabalho, que se prevê que vão continuar. Entre elas, mencionou a fragmentação do mercado laboral, a rápida expansão dos trabalhadores estrangeiros e migrantes, o aumento da desregulação e da privatização, novas formas de subcontratação ou de externalização, o incremento da organização laboral e de relações de trabalho atípicas, participação em alta da mulher no mercado de trabalho, com maior consciência da necessidade de eliminar a discriminação baseada em motivos de gênero em matéria de remuneração e de condições de trabalho e todas as formas de discriminação baseadas em motivos diversos do gênero, uma rápida e complexa evolução da tecnologia, e uma preocupação quanto à insegurança do emprego e a níveis crescentes de *stress* no trabalho. Todos estes fatores, combinados com outros, exerceram um impacto considerável na concepção tradicional de proteção laboral... Neste contexto, não há dúvidas da necessidade de aumentar a proteção dos trabalhadores, o que requer por sua vez o reconhecimento específico das responsabilidades mais complexas da fiscalização do trabalho e da necessidade de definir o alcance das necessidades dos trabalhadores, o mandato e as prioridades. "É também fundamental que a fiscalização seja forte e imparcial, esteja informada, adequadamente dotada de recursos, organizada e dirigida e capaz de se adaptar às mudanças e capacitada para cumprir sua missão...". Finalmente, procede sublinhar, junto com dita comissão, a "contribuição significativa" que é esperada da fiscalização do trabalho, na consecução do chamado "trabalho decente"[6].

---

(6) Informe da Comissão de Peritos em Aplicação de Convenções e Recomendações. *Conferência Internacional do Trabalho*, 95ª reunião, 2006, Informe III, parte 1B, §§ 363/365 e 372.

O considerando sexto do citado julgado "Aerolineas" deu ênfase aos tratados de direitos humanos de nível constitucional que impõem o direito dos Estados em matéria trabalhista. Recordou os arts. 6º e 7º do Pacto Internacional de Direitos Econômicos, Sociais e Culturais (PIEDSC), relativos ao direito ao trabalho e ao direito de toda pessoa ao gozo de condições de trabalho equitativas e satisfatórias, em combinação com seu art. 2.1. referente às obrigações assumidas pelo Estado perante referido tratado. Também, é um princípio arquitetônico do Direito Internacional dos Direitos Humanos que o Estado está obrigado, por um lado, a "respeitar" os direitos e liberdades reconhecidos nos tratados que ratifica, e, por outro, a "organizar o poder público para garantir às pessoas sob sua jurisdição o livre e pleno exercício dos direitos humanos". A ação ou omissão de toda autoridade pública, de quaisquer dos poderes do Estado, constitui um fato a ele imputável que compromete sua responsabilidade. E dita obrigação geral impõe ao Estado o dever de "garantir" o exercício e o gozo dos direitos dos indivíduos, tanto em relação com o poder do primeiro, quanto em relação aos vínculos com entes não estatais ou terceiros particulares. Mais ainda: é dever estatal tomar todas as "medidas positivas" que assegurem ditos direitos nos dois nexos indicados[7]. Acresceu que ainda que seus alcances compreendam a generalidade dos direitos humanos, tem sido reiterado pela citada Corte Interamericana no terreno da proteção dos direitos dos trabalhadores, e como produto elaborado por diversas fontes internacionais, tais como o Comitê de Direitos Humanos e a Corte Europeia de Direitos Humanos, não sem assinalar que a obrigação de "garantir" os direitos humanos encontra-se plasmada em numerosos instrumentos internacionais[8].

Também ali se indicou que os Estados devem "velar" tanto pelo "estrito cumprimento da normativa de caráter trabalhista que melhor proteja aos trabalhadores", quanto "para que dentro de seu território se reconheçam e apliquem todos os direitos trabalhistas que seu ordenamento jurídico estipula, direitos originados em instrumentos internacionais ou em normativa interna", para o que lhes corresponde adotar todas as medidas necessárias, sejam de ordem legislativa e judicial, assim como "administrativa". Também mencionou os instrumentos internacionais de caráter regional subscritos pela Argentina. Assim, o art. 18 da Declaração Sociolaboral do Mercosul prevê: "1. Todo trabalhador tem direito a uma proteção adequada no que se refere às condições... de trabalho. 2. Os Estados-partes se comprometem a instituir e a manter serviços de fiscalização do trabalho, com a tarefa de controlar em todo seu território o cumprimento das disposições normativas que se referem à

---

(7) Corte Interamericana de Direitos Humanos. *Condição jurídica e direitos humanos da criança*, opinião consultiva OC-17/2002, 28 de agosto de 2002, série A n. 17, § 87 e suas citações.

(8) Enumerou o PIDESC; a Convenção Americana sobre Direitos Humanos (arts. 1º e 2º); o Protocolo Adicional à Convenção Americana sobre Direitos Humanos em Matéria de Direitos Econômicos, Sociais e Culturais (Protocolo de San Salvador, art. 1º); a Carta das Nações Unidas (art. 55.c); a Declaração Universal dos Direitos Humanos (Preâmbulo); o Pacto Internacional de Direitos Civis e Políticos (arts. 2.1 e 2), e a Convenção Internacional sobre a Eliminação de todas as Formas de Discriminação Racial (Preâmbulo) (*Condición jurídica y derechos de los migrantes indocumentados*, cit., §§ 72/81).

proteção dos trabalhadores...". Ao mesmo tempo em que o art. 35 da Carta Internacional Americana de Garantias Sociais estabelece que "os trabalhadores têm direito a que o Estado mantenha um serviço de fiscalização técnica encarregado de velar pelo fiel cumprimento das normas... de trabalho...".

Também tiveram em conta as pautas elaboradas pelo Comitê de Direitos Econômicos, Sociais e Culturais, porquanto constitui o intérprete autorizado do PIDESC no plano internacional. A modalidade de informes periódicos à qual estão submetidos os Estados-parte do PIDESC, e as conseguintes observações finais que o Comitê pronuncia a esse respeito, são mostras palpáveis da transcendência que têm as fiscalizações trabalhistas para garantir os direitos dos trabalhadores. Assim, este órgão internacional, levando em conta diversos aspectos da legislação trabalhista (*v. gr.* salários, seguridade e saúde, discriminação), sublinhou, depois de mostrar sua preocupação diante de sistemas insatisfatórios, a necessidade de "fortalecer" a fiscalização do trabalho[9], mediante, p. ex., o destino de "recursos suficientes" aos serviços respectivos[10], o "aumento do número de fiscais do trabalho"[11], ou a "ampliação de suas competências"[12], principalmente quando estas são "insuficientes" para cumprir as funções devidas[13], ou sofrem "restrições" que impedem os fiscais de "exercer plenamente sua autoridade nos centros de trabalho"[14]. Tampouco faltou oportunidade para que se requisitasse ao Estado que "facilite informação detalhada sobre o sistema de fiscalização do trabalho"[15]. A estes exemplos, que bem poderiam se multiplicar, cabe ainda acrescer a preocupação apresentada pelo Comitê, para 1999, a respeito das deficiências das fiscalizações do trabalho na Argentina, sobretudo em matéria de seguridade e saúde no trabalho[16]. Segundo o Comitê, o PIDESC impõe ao Estado, perante todo direito humano, a obrigação de "proteger", enquanto requer que "adote medidas para velar que as empresas e os particulares" não privem as pessoas de seus direitos[17].

---

(9) Observações finais: Uruguai, 22 de dezembro de 1997, E/C.12/1/Add.18, § 18.
(10) Observações finais: Peru, 20 de maio de 1997, E/C.12/1/Add.14, § 32; Observações finais: Georgia, 29 de novembro de 2002, E/C.12/1/Add.83, §§ 16 e 34.
(11) Observações finais: Polônia, 16 de junho de 1998, E/C.12/1/Add.26, § 24; Observações finais: Honduras, 21 de maio de 2001, E/C.12/1/Add.57, §§ 16 e 37.
(12) Observações finais: Polônia, cit.
(13) Observações finais: Georgia, cit.
(14) Observações finais: Honduras, cit.
(15) Observações finais: Itália, 23 de maio de 2000, E/C.12/1/Add.43, § 24.
(16) Observações finais: Argentina, 1 de dezembro de 1999 (E/C.12/1/Add.38, §§ 22 e 37), com o qual reiterou, em síntese, o *dictum* que já havia formulado em 1994 (E/C.12/1994/14, §§ 18 e 21).
(17) Assim o atestam as seguintes observações gerais do Comitê: n. 12, "O direito a uma alimentação adequada" (art. 11), 1999; n. 13, "O direito à educação" (art. 13), 1999; n. 14, "O direito ao gozo do mais alto nível possível de saúde" (art. 12), 2000, e n. 15m "O direito à água" (arts. 11 e 12), 2002 (HRI/GEN/1/Ver.6, p. 73 C, § 15C, 89 C, § 50C, 104 C, § 35C e 123 C, §§ 23/24C, respectivamente). Merece ser destacado, que esta impressão certamente não deixou de ser reiterada nas observações gerais destinadas ao direito ao trabalho (n. 18, "O direito ao trabalho", 2007, E/C.12/GC/18, § 25), e ao direito à seguridade social (n. 19, "O direito à seguridade social", 2008, E/C.12/GC/19, § 45).

8. Direito à Formação e Capacitação Profissional

A Formação Profissional como Direito Humano

Hugo Barreto Ghione

A formação profissional constitui um direito fundamental da pessoa e, em particular, da pessoa em situação de trabalho.

A primeira expressão do direito à formação profissional emana de sua consideração como modalidade do direito à educação. Assim, é concebido na Declaração Universal dos Direitos Humanos e em outros instrumentos. O direito à educação e à modalidade de ensino profissionalizante pode ser apreciado no Pacto Internacional de Direitos Econômicos, Sociais e Culturais (1966), art. 13.2b; no Protocolo Adicional à Convenção Americana sobre Direitos Humanos em matéria de Direitos Econômicos, Sociais e Culturais, art. 13; na Declaração sobre o Progresso e o Desenvolvimento no Social, arts. 10.e e 21.b; na Declaração Americana de Direitos e Deveres do Homem, n. XII, e na Convenção Americana de Direitos Sociais, art. 17.

No entanto, o direito à formação figura também como integrante do elenco de regulações da relação individual de trabalho.

Assim, o Pacto Internacional de Direitos Econômicos, Sociais e Culturais (PIDESC) reconhece no art. 6 o direito a trabalhar e estabelece, entre as medidas que haverão de ser adotadas por cada um dos Estados-parte, a orientação e formação técnico-profissional. Em nível similar, encontram-se outros instrumentos.

Sendo a formação profissional um direito humano fundamental segundo os instrumentos citados e outros que são omitidos por razões de espaço, estamos perante uma pretensão que pode se fazer valer perante o Estado e frente a terceiros, atentos à natureza bifronte dos direitos humanos segundo recorda Bidart Campos. Essa possibilidade de opor os direitos humanos trabalhistas na relação de trabalho faz com que o empregador possa ser considerado um devedor da obrigação de proporcionar formação profissional ao trabalhador.

Sendo a formação um instrumento básico para o cumprimento da obrigação de trabalhar, o empregador deve facilitar dito cumprimento mediante a disponibilização ao trabalhador das ferramentas, entendendo por tais não somente as materiais (roupa de trabalho, instrumentos), mas as ferramentas simbólicas, como uma formação pertinente às tarefas e funções que se demandam ao trabalhador.

Longe de se tratar de um desenvolvimento meramente teórico, muitas constituições ou leis nacionais impõem esta obrigação de formação a cargo do empregador. Tal é o caso da Lei Federal mexicana (cap. III, arts. 153-A e ss.).

O direito à formação profissional desencadeia outras consequências na relação individual de trabalho, como é o direito à promoção e ascensão, que constituem uma consequência lógica e necessária da formação e competência adquiridas pelo trabalhador no transcurso de sua relação de trabalho (PIDESC, art. 7º.d).

Por último, em um elenco de referências que não se esgota nesta breve comunicação, o direito à formação profissional tem a ver também com a estabilidade no emprego. Uma formação ajustada — que o trabalhador pode requerer diretamente do empregador como parte do jogo de direitos e deveres na relação de trabalho — permite que o trabalhador possa se adaptar às mudanças provenientes das inovações tecnológicas (em equipe ou gestão de trabalho).

Parece óbvio dizer que uma melhor formação impacta nas condições de trabalho e, em particular, no salário.

Em suma, o direito à formação profissional, reconhecido nos principais instrumentos internacionais e nas constituições e leis nacionais, integra o círculo mais próximo do direito do trabalho e é um dinamizador das melhores e mais equitativas condições de trabalho, entre elas, o salário e a estabilidade no emprego.

9. Direito à Seguridade Social, que cubra as Necessidades Vitais do Trabalhador e de sua Família, frente às Contingências Sociais que Possam Afetar suas Rendas Econômicas. A Seguridade Social Deve Ser Função Indelegável do Estado, pelo que Deverá Reverter-se o Processo de Privatização que Sofreram nossos Países na Década de 1990

O Futuro da Seguridade Social

<u>Horacio Ricardo Gonzalez</u>

I. Introdução

O modelo social europeu está questionado, no centro do debate político, a caminho de sucessivas reformas regressivas dos direitos do trabalho e da seguridade social. Um processo similar, de maior intensidade, sofreram anteriormente os modelos sociais da América Latina; incluída uma desmontagem dos incipientes Estados de bem-estar, que abarcou reformas estruturais dos sistemas de seguridade social.

O coração deste modelo, que se conheceu como Estado de bem-estar, esteve conformado historicamente pela seguridade social. Ainda que em todos estes anos tenham surgido vozes na Europa que anunciavam a impossibilidade de manter o nível das políticas sociais, ou diretamente sua viabilidade, a resistência dos setores do trabalho fez que as reformas avançassem mais lentamente.

Hoje, no contexto de uma nova crise mundial, igual ou maior à que teve seu início em 1929 e culminou na Segunda Guerra Mundial, a ofensiva desatada pelo capital financeiro em todo o mundo está mais próxima de conseguir seus objetivos. Em toda a Europa, implementam-se medidas que apontam para reduzir o Estado de bem-estar para transformá-lo em um de mínimos assistenciais.

Na América Latina, esta política leva mais de três décadas: iniciou-se com o estabelecimento das ditaduras militares, ou governos pseudodemocráticos, e seguiu com o estabelecimento das democracias na década de oitenta.

Depois da Segunda Guerra Mundial, na Europa se instaurou a política da parceria social, a institucionalização do conflito, a paz social, o acordo que se havia imposto sobre a luta de classes entre capital e trabalho. Em troca desta moderação nos reclames, de renunciar a uma alternativa ao capitalismo, os trabalhadores conseguiram o reconhecimento de numerosos direitos sociais[1].

Estabeleceu-se, nos tratados internacionais de direitos humanos, o compromisso dos Estados de avançar progressivamente no desenvolvimento dos direitos econômicos, sociais e culturais em função dos recursos econômicos. Aceitava-se, como algo normal, a progressividade e a proibição do retrocesso em matéria de direitos sociais.

Agora, os organismos financeiros internacionais, porta-vozes do capital, insistem em um programa de recortes no gasto público destinado às prestações de saúde e pensões. Por sua vez, o G20, na reunião de Toronto de 2010, propôs reduzir em 50% os déficits fiscais para 2013.

O informe do FMI no caso da economia espanhola é uma declaração de guerra. Impõe-se um forte retrocesso a 25 anos de progresso: redução de salários, congelamento e reforma das pensões, diminuição dos benefícios sociais, precarização dos direitos trabalhistas.

A mesma política foi implementada para Grécia e Portugal e que, paulatinamente, com distinta intensidade, estende-se a toda a Europa. Na França, Alemanha e Grã-Bretanha, anuncia-se aumento da idade para aposentadoria e, em alguns casos, a redução paulatina da taxa de substituição.

A culpa, se diz, é da crise, não de quem a provocou; não há dinheiro para sustentar tanto bem-estar. O capital financeiro declara guerra ao trabalho. São os pobres quem têm que pagar por uma crise que não originaram.

---

(1) Cf. SANTOS, Boaventura de Souza. *Ciudadanos europeos, uníos!*, 6.6.2010, *Sin Permiso*, *on line*.

O capital impõe aos Estados e governos sua agenda, e está conseguindo que levem adiante planos de ajuste. Houve que destinar, primeiro, somas enormes para salvar os bancos e o sistema financeiro internacional, e agora é necessário um ajuste fenomenal para equilibrar os gastos. Os bancos e os fundos de investimento estão voltando a ganhar com a especulação a favor da crise, subscrevendo dívida dos Estados a altas taxas.

Enquanto isso, deve-se manter livre a circulação dos fundos especulativos, se possível livre de impostos às transações financeiras.

O G20[2] disse recentemente: "Os países que enfrentam sérios desafios fiscais necessitam acelerar o ritmo de consolidação" e acresce: "Saudamos os recentes anúncios de alguns países de reduzir seus déficits em 2010 e robustecer seu marco e suas instituições fiscais". Estas medidas se dão em um contexto de recessão e desemprego crescente.

A resistência a estas medidas, em todos os lados, está nas mãos dos trabalhadores, ou está condenada ao fracasso.

II. Os cortes à seguridade social

Os gastos em seguridade social são uma parte substancial do ajuste que se anuncia. Em última análise, castiga-se o salário e bonifica-se o capital.

Aplicaram-se políticas na América Latina que se conhecem como os modelos do "Consenso de Washington", em que se sistematizaram as recomendações de política econômica para os países dependentes. Aglutina-se, sob o nome "Washington" o complexo político, econômico, intelectual integrado pelos organismos financeiros (FMI, BM, Congresso dos EUA, Reserva Federal, altos funcionários e grupos de *experts*). Estas recomendações foram impulsionadas pelo Banco Mundial sob a denominação de "políticas de ajuste estrutural"[3]. Estas ideias foram definidas por Stiglitz como "fundamentalismo de mercado" defendidas a princípios dos anos oitenta pelo Banco Mundial, o FMI e o Tesouro dos Estados Unidos: "... implicava a minimização da função do governo, mediante a privatização de empresas de propriedade estatal e eliminação das normas do governo e das intervenções na economia"[4].

---

(2) Citado por KRUGMAN, Paul. *Los halcones del déficit han tomado el control del G20*, 6.6.2010, em *Sin Permiso, on line*.
(3) Estas recomendações se referiam à disciplina orçamentária, mudanças nas prioridades do gasto público, reforma fiscal, liberalização financeira, tipos de câmbios competitivos, abertura comercial, abertura ao ingresso de investimentos estrangeiros, privatizações, desregulações, garantia dos direitos de propriedade.
(4) "América Latina converteu-se no aluno mais notável do Consenso de Washington, sendo a Argentina e o Chile os primeiros da classe". Ver STIGLITZ, Joseph E. *Los felices 90. La semilla de la destrucción*. Buenos Aires: Taurus, 2003. p. 276.

O antecedente da reforma chilena e o informe do Banco Mundial "Envelhecimento sem crise" marcaram o novo rumo. O modelo impulsionado pelo Banco Mundial[5] propiciava o afastamento do Estado dos sistemas de pensões e a substituição dos denominados sistemas de distribuição, baseados em princípios de universalidade, solidariedade, igualdade e caráter redistributivo da seguridade social, por sistemas de capitalização individual obrigatória. Privilegia-se as necessidades de poupança e investimento sobre os objetivos de maior equidade e redistribuição de rendas.

Menos participação do Estado no econômico e social, mas mais autoridade do Estado no político para assegurar as políticas neoliberais.

Trinta e cinco anos antes, Huntington havia denunciado na Trilateral que as crises dos Estados são produto das políticas de bem-estar e da ampliação dos direitos. Propunha-se, em 1975, reestabelecer a autoridade do Estado sobre a sociedade e reduzir o "excesso de democracia"[6].

Recentemente, o presidente da Reserva Federal assinalou, como alvo de novos recursos para fazer frente à crise, a seguridade social dos trabalhadores "aí é onde está o dinheiro". Antes, os mesmos setores haviam conseguido derrotar a reforma da saúde, proposta originalmente por Obama, cancelando toda possibilidade de opção pública nacional. São fortalecidos mediante subsídios os seguros privados para que mais pessoas acedam aos seguros privados de saúde.

Todo o dinheiro aos bancos, aos fundos especulativos, essa é o lema do capital. Reduzir o gasto público, recortando o gasto social.

Quebra-se o diálogo social, o Pacto de Toledo na Espanha[7] é um exemplo com o qual se vinha avançando lentamente em reformas regressivas dos sistemas de pensões. Não serve mais, diz-se, não há tempo, as reformas devem ser feitas agora.

Antes, nos países da periferia, impôs-se uma estratégia direta: era necessário substituir os regimes previdenciários de distribuição por sistemas de seguros comerciais.

Na Europa, preconizava-se uma estratégia indireta, a mais longo prazo, nas reformas de seguridade social.

---

(5) Envejecimiento sin crisis. *Informe do Banco Mundial sobre investigações relativas a políticas de desenvolvimento*, Washington, 1994.

(6) Informe da Trilateral, caps. 2 e 3. Corresponde à seção norte-americana escrita por Samuel P. Huntington. A Comissão Trilateral era uma associação de cidadãos "privados" dos Estados Unidos, Europa Ocidental e Japão que produziram um informe chamado *The governability of democracies* em maio de 1975.

(7) Ao analisar os acordos subscritos entre o governo e os sindicatos, na Espanha, destacava Joaquín Aparicio Trovar que "assistimos a uma perigosa tendência de fragmentação regressiva do Sistema de Seguridade Social em duas partes, uma assistencialista ou de cobertura de mínimos e outra de seguro movida por uma lógica na qual o princípio da solidariedade está altamente debilitado" (La evolución regresiva de la seguridad social en el período 1996-2002: hacia el seguro y el assistencialismo. *Revista de Derecho Social*, Bomarzo, n. 19, p. 49).

Nota-se que a fragmentação do trabalho, e de sua divisão, traduz-se na fragmentação dos sistemas de seguridade social que se concretizam em fenômenos de dualização social. Ao se referir a este tema, destaca Monereo Pérez que "do Estado de bem-estar se avançaria para um Estado assistencialista, que acabaria deslocando — até ocupar seu lugar — os sistemas de solidariedade salarial que determinaram o surgimento dos velhos sistemas de Seguridade Social"[8].

A partir da crise mundial, aceleraram-se os tempos, o momento é agora, não importam os sacrifícios que se tenha que fazer.

III. A CRISE MUNDIAL

A crise mundial nos permite apreciar a influência que tiveram nesta etapa do capitalismo o "capital que decorre dos juros", o capital financeiro (capital à margem do processo de produção, ou "capital fictício"[9]) constituído em uma parte relevante pelos fundos de pensões administrados por grupos privados ou pelos Estados. Nesta oportunidade, a crise começou nas finanças, trata-se da crise do regime de acumulação, predominantemente financeiro, desenvolvido com força desde princípios dos anos oitenta (Tatcher e Reagan). A acumulação é de títulos, ações, bônus do tesouro, títulos da dívida pública.

As somas centralizadas nos fundos de pensão, fundos de colocação financeira, passaram a ser a coluna vertebral da acumulação financeira.

Pelo caminho das reformas dos sistemas de pensões, passando de sistemas de benefícios definidos a regimes de contribuições definidas e benefícios indefinidos, o capital se apodera de uma parte do salário, já não é a mais-valia tradicional, mas aquela parte do salário que se difere para formar um patrimônio coletivo e que nos sistemas de capitalização passa a ser administrado pelo sistema financeiro.

Este processo de reformas marca a necessidade do capital de passar nos sistemas de pensões de um "sistema de prestações definidas" a um de "cotizações definidas". Trata-se da "economia salarial" utilizado para valorizar o capital[10].

---

(8) PÉREZ, José Luís Monereo. El derecho social en el umbral del siglo XXI: la nueva fase del derecho del trabajo. *Lan Harremanak*/2 (2000-I) (237/309), p. 241.

(9) Karl Marx dizia: "O capital... como representante da forma universal da riqueza — o dinheiro — constitui o impulso desenfreado e desmesurado de passar por cima de suas próprias barreiras" (*Elementos fundamentales para la crítica de la economía política*, 1857-1858, v. 1, siglo XXI, México, 2007. p. 276).

(10) Sobre este tema, em *Crisis de acumulación mundial, crisis de civilización*, François Chesnais destaca, ao referir-se ao processo da centralização de dinheiro que busca se valorizar como capital nas mãos dos bancos e dos fundos de pensão e colocação financeira, que "depois de um longo processo de descentralização inicial que passou quase desapercebido, desde 1980-1984 estes fundos passaram a ser a espinha dorsal da acumulação financeira. No curso dos anos 1990 aos assalariados norte-americanos foi imposta uma mudança no sistema de aposentadoria. O sistema de 'prestações definidas' deu seu lugar ao chamado de 'cotizações definidas'. São fundos relacionados com este sistema os que sofreram os mais importantes 'danos colaterais'". Ver na Internet revista *Herramienta*.

A crise de 2008 provocou um rendimento negativo e uma perda nos principais fundos da seguridade social estimada em 225.000 milhões de dólares[11]. Os trabalhadores veem se esfumar suas economias. Segundo a OCDE, a perda de ativos de pensões privadas durante 2008 foi de 5 trilhões de dólares.

Na Europa, volta-se a anunciar a bancarrota do sistema de pensões. A crise da dívida obriga os Estados a reduzir a proteção social. Fala-se em aumentar a idade de aposentadoria, tanto de homens como de mulheres, já que a população envelhece, de aumentar os anos de contribuições, de reduzir a taxa de substituição etc. O diretor-geral do FMI (Strauss-Kahn, socialista) diz que não podemos seguir nos aposentando aos 60 anos quando podemos chegar "a viver até os 100 anos".

Na Alemanha, anunciou-se um plano de ajuste desde agora até 2014, que envolve uma redução do gasto público de 86.000 milhões de euros. Atualmente, seu déficit está em 5,5%, acima dos 3% do Pacto de Estabilidade europeia. Dentro do recorte que deve aprovar o Parlamento, incluem-se as pensões de desemprego e a ajuda para moradias.

IV. UM ESTADO DE MÍNIMOS ASSISTENCIAIS

Seguindo os lineamentos do Banco Mundial, vários países da América Latina e alguns da Europa oriental realizaram reformas estruturais em seus sistemas previdenciários. Todas elas têm em comum a introdução do setor privado na administração de fundos de pensões, sob o regime financeiro de Capitalização Plena Individual (CPI), mas diferem na medida em que substituem o regime de distribuição pela capitalização em contas individuais e na definição de benefícios.

O Banco Mundial, no informe citado anteriormente, propunha um modelo de três pilares: 1) um primeiro pilar público tem por objetivo aliviar a pobreza na velhice e cossegurar numerosos riscos, poderia ter a modalidade de um programa de benefícios subordinados a uma prova de necessidade, uma pensão mínima, um benefício uniforme, universal ou vinculado ao emprego; 2) um segundo pilar obrigatório de capitalização individual e administração privada; 3) o terceiro pilar voluntário de capitalização individual e administração privada.

Durante este processo de "privatização", degradaram-se os direitos sociais, como direitos fundamentais incorporados nos textos constitucionais, nos tratados internacionais de direitos humanos e nas convenções da OIT e, simultaneamente, o

---

(11) Segundo a Associação Internacional da Seguridade Social (AISS), Observatório da Seguridade Social 05: "Para alguns fundos da seguridade social, a perda representa o equivalente a cinco anos de rendas derivadas dos investimentos e a cerca de 25 por cento do valor líquido dos ativos do fundo. De acordo com as estimativas da OCDE, a perda de ativos de pensões privadas registradas durante o ano 2008, que foi de 5 trilhões de dólares até outubro de 2008, aumentou até 5,4 trilhões de dólares norte-americanos. A taxa de retorno médio dos fundos de pensões registrou um valor médio negativo de 23 por cento anual".

Estado abandonou boa parte de suas obrigações que se configuravam como prestações positivas, exigíveis pelos cidadãos.

Assistimos a uma perda de vigência dos direitos sociais, de seu caráter de direitos constitucionais, passando a ser considerados matéria de configuração legislativa, subordinados às alocações orçamentárias, concessões de caráter assistencial, transitórias, para resolver os riscos sociais de extrema necessidade.

Em muitos países da América Latina, modifica-se e substitui-se, paulatinamente, a constituição como norma fundamental, pelas diretivas e princípios que emanam da legislação ordinária, ou de exceção, que se dita durante este período.

As primeiras reformas estruturais na seguridade social foram introduzidas no Chile, pela ditadura militar, durante o governo de Pinochet, a partir de 1981. Logo, mais de uma década depois, a pedido do Banco Mundial, realizaram-se na Argentina e Uruguai reformas estruturais que puseram em marcha sistemas previdenciários mistos, baseados na capitalização individual obrigatória.

As reformas foram realizadas conforme os seguintes parâmetros: reformas estruturais baseadas em modelos substitutivos em que, na prática, o sistema público é deixado sem efeito e substituído por um de capitalização individual obrigatório; paralelamente, não se substitui o sistema público, é uma alternativa que compete com o de capitalização e o misto, no qual convivem, dentro do sistema, um regime previdenciário público e outro de capitalização.

Assim, impuseram-se na Argentina (modelo misto, 1994), Bolívia (substitutivo, 1996), Chile (modelo substitutivo, 1981), Colômbia (paralelo, 1993), Costa Rica (paralelo, 1993), Equador (substitutivo, 2002), El Salvador (substitutivo, 1996), México (substitutivo, 1995), Nicarágua (substitutivo, 2001), Peru (paralelo, 1997), República Dominicana (substitutivo, 2001) e Uruguai (modelo misto, 1995).

O restante dos países da região, que reconhecem algum tipo de proteção social a seus cidadãos, dispõem de um esquema institucional semelhante ao brasileiro, com um sistema público administrado pelo Estado, baseado no regime de distribuição, e um sistema privado complementar voluntário, funcionando como um regime de capitalização, administrado pelo setor privado.

No Brasil e no Paraguai, até esta data, descartaram-se reformas estruturais, mantendo-se sistemas de distribuição, de caráter solidário, e só enfrentaram reformas não estruturais, ou as denominadas paramétricas, com modificações, por exemplo, nos anos de contribuição requeridos, taxas de substituição para o cálculo de haveres, aumento das idades.

Nos primeiros anos do presente século, nota-se uma mudança na orientação a partir dos fracassos do sistema privado[12].

---

(12) Os *experts* do Banco Mundial se viram obrigados a reconhecer que o sistema privado "não está funcionando bem" na América Latina e recomendaram reconstruir o sistema público para universalizar a

Na Venezuela, em 2002, realizou-se uma reforma não estrutural, deixando-se sem efeito a privatização de 1997. No Equador, suspendeu-se a implementação da reforma por problemas de financiamento, enquanto que o mesmo ocorreu na Nicarágua, em 2004, por resolução do governo em acordo com os organismos financeiros internacionais.

Ocorreu o mesmo no caso recente da Bolívia[13]. Desde 2006, a Bolívia nacionalizou uma série de atividades do país, entre as quais se encontram o petróleo, a mineração, as telecomunicações e a eletricidade. Em 2008, entrou em vigor uma lei que permitia os cidadãos eleger entre as AFP privadas e as públicas. Por outro lado, a Constituição, aprovada em fevereiro de 2009, reclama a administração estatal das pensões, com o controle e a participação dos cidadãos, e estabelece que os assuntos de seguridade pública não podem ser privatizados.

No Chile, para superar a falta de cobertura previdenciária, instaura-se o sistema de pensões solidárias em 2008, que se concede àqueles que nunca contribuíram e pertencem aos 40% mais pobres da população. Por sua vez, estabelece-se a contribuição previdenciária solidária, submetida aos mesmos requisitos que a pensão básica solidária; trata-se de um suplementa que assume o Estado a quem, tendo contribuído, tem pensão inferior a um determinado nível.

Na Argentina, eliminaram-se as AFJP e é o Estado quem administra os fundos do sistema de capitalização[14]. Por sua parte, Brasil, Cuba, Honduras, Guatemala, Panamá, Paraguai e Venezuela só realizaram reformas paramétricas ou não estruturais dentro do regime de seguro social[15].

Em todos os países onde se realizaram reformas estruturais dos sistemas de pensões, fossem de natureza substitutiva, paralela ou mista, os custos da transição foram elevadíssimos.

cobertura da seguridade social e "prevenir a pobreza na velhice", mantendo-se a capitalização individual para os trabalhadores de maiores rendas e mais capacidade contributiva. Ver GILL, I.; PACKARD, T.; YERMO, J. *Keeping the promise of social security in Latin America*, World Bank, 2005.
(13) O Ministério da Economia e Finanças Públicas da Bolívia anunciou a nacionalização das Administrações de Fundos de Pensões (AFP) privadas do país.
(14) O Fondo de Garantía de Sustentabilidad del Sistema Previsional Argentino (SIPA) administra contribuições dos trabalhadores para o sistema previdenciário, acumulados entre 7/1994 e 12/2008, que representam — em 30.4.2010 - $ 149.287 milhões (fonte ANSeS). O Fundo tem investido 61,4% em títulos públicos; 12,2% em ações e títulos privados; em projetos produtivos ou de infraestrutura 7,9% (indústria automotora, centrais elétricas, atômicas, sistema viário, companhias aéreas); em prazos fixos, 7,7%; fideicomissos financeiros 2,7%; fundos comuns de investimento 1,3%; disponibilidades e outros investimentos menores 5%.
(15) O caso de Cuba é atípico em relação ao restante dos países da América Latina. Após a vitória da revolução socialista, substituiu-se o antigo sistema de seguros sociais, baseado na capitalização por prêmio médio geral, fragmentado em mais de cinquenta "caixas" que só cobriam 50% dos assalariados, por uma "Lei de Seguridade Social" de 1963, que foi logo substituída pela lei 24, que entrou em vigor a partir de 1º de janeiro de 1980. Integra-se com dois regimes, o de seguridade social e o de assistência social, financiado pelas contribuições orçamentárias do Estado. Contempla-se, na atualidade, a ampliação das fontes de financiamento mediante as contribuições dos trabalhadores e os impostos destinados a este fim.

Impôs-se, ademais, uma concepção assistencial e focalizada da seguridade social, que se expressa na forma de distintos planos sociais dirigidos a prestar ajuda aos setores vulneráveis da sociedade. Não se modifica a situação estrutural de extrema pobreza em que estão mergulhadas a maioria das populações da América Latina.

Não é algo abstrato ou formal tudo o que se refere à seguridade social. Em todos os casos, discute-se sobre a redistribuição da riqueza, o que implica levar em conta relações de poder econômico e político: quem administra o salário, os trabalhadores ou as administradoras privadas em benefício do capital[16].

A existência de um sistema de pensões administrado democraticamente pelos trabalhadores e aposentados é parte da luta por estender a democracia na sociedade e no Estado.

V. Princípios da seguridade social

Apesar da hierarquia constitucional dos direitos sociais e seu reconhecimento nos tratados internacionais de direitos humanos, falta muito por fazer para dar caráter operativo a um sistema de proteção social que garanta, por intermédio do Estado e da participação dos distintos atores sociais, os direitos à seguridade social em um sentido amplo.

A OIT[17] define a seguridade social como "a proteção que a sociedade proporciona a seus membros, mediante uma série de medidas públicas, contra as privações econômicas e sociais que de outra maneira derivariam do desaparecimento, ou de uma forte redução, de suas rendas como consequência de enfermidade, assistência médica, desemprego, velhice, acidente do trabalho ou doença profissional, prestações familiares, maternidade, invalidez e sobreviventes (morte)".

Alguns autores e também a OIT falam de proteção social para se referir à obrigação do Estado de dar proteção às pessoas assumindo prestações. Desde esta perspectiva, o núcleo duro da proteção social é a seguridade social. Este núcleo duro completa-se com uma segunda malha de proteção social que se denomina assistência social, dirigida a dar prestações àqueles que não têm acesso às da seguridade social.

Os princípios fundamentais em seguridade social definidos pela OIT em distintos documentos são os de solidariedade, universalidade, participação ou administração democrática, igualdade de tratamento e responsabilidade do Estado.

---

(16) "O reconhecimento dos direitos sociais foi fruto, certamente, da rebelião social e política das classes trabalhadoras" (TOVAR, Joaquín Aparicio. La Seguridad Social, pieza esencial de la democracia. PÉREZ, J. L. Monereo; NAVARRETE, C. Molina; VIDA, M. Nieves Moreno (coords.). *La seguridad social a la luz de sus reformas pasadas, presentes y futuras*. Granada: Comares, 2008. p. 119).

(17) Ver OIT. *Introducción a la seguridad social*. Genebra, 1984.

Mencionam-se também os de suficiência ou integridade, obrigatoriedade, unidade e equidade.

Por sua vez, há princípios de seguridade social que se relacionam especificamente com o caráter internacionalista da seguridade social e que são apanhados pelos tratados sobre a matéria, como os de respeito aos direitos adquiridos ou em curso de aquisição e não discriminação entre nacionais e estrangeiros.

Em relação aos seguros sociais, os sistemas de seguridade social supõem mudanças em dois aspectos: a) diante da cobertura apenas parcial dos seguros sociais, os de seguridade social compreendem todos os riscos sociais; b) extensão ao conjunto da população dos Estados.

Dois princípios definem a seguridade social: o princípio da universalidade subjetiva de cobertura e o princípio da proteção contra todos os riscos sociais que criam estado de necessidade.

Na atualidade, existe uma espécie de estabilidade nos ramos dos riscos cobertos, por meio do previsto na Convenção n. 102 (norma mínima) da OIT. A interpretação das normas da seguridade social deve ter em conta seu caráter dinâmico, em permanente processo de adequação a um mundo mutante.

A passagem de um sistema de seguros sociais, organizado para os trabalhadores, a um de seguridade social, que protege a todas as pessoas, importa a adoção do princípio da universalidade e expressa-se no reconhecimento de dois braços dentro da seguridade social: o contributivo e o não contributivo.

O princípio da universalização, âmbito subjetivo da cobertura, é o fim primeiro da seguridade social que permite tornar realidade o "direito de toda pessoal à seguridade social" (art. 9º do Pacto Internacional de Direitos Econômicos, Sociais e Culturais).

Na América Latina, em geral, assistimos na década de noventa a uma contração da seguridade social, com a perda de coberturas de milhões de pessoas sem emprego. Isso fez que a cobertura diminuísse tanto em seu aspecto subjetivo como objetivo.

Pôs-se em moda a "segmentação das prestações sociais" como solução para as crises financeiras. Dizia-se que com recursos escassos, eles deviam ser aplicados em favor dos mais necessitados. Essa proposta colocava em xeque o princípio de universalidade que havia caracterizado a seguridade social.

Diz Alarcón Corcuera[18] que para que o princípio da universalidade seja cumprido é preciso que o sistema de proteção social ofereça em seu "quadro prestacional" um tipo de prestação que esteja destinada a satisfazer qualquer situação de

---

(18) CORCUERA, Manuel Ramón Alarcón. *La seguridad social en España*. Pamplona: Arazandi, 1999. p. 72.

necessidade, independentemente da situação profissional do sujeito e de sua prévia contribuição ao sistema.

Diferentemente dos seguros sociais, a seguridade social coloca em primeiro plano a situação de necessidade, e produzida esta, é indiferente a causa que a gera. A única contingência que conta é a falta de recursos para viver, sem que deva ser relevante que isso se origine na velhice, na invalidez, na falta de emprego, etecetera.

Diz-se que sem solidariedade não se compreende a seguridade social, para fazê-la efetiva faz-se necessário integrar todos os membros da comunidade. O princípio de solidariedade constitui o ponto de partida de todas as instituições de seguridade social, caracterizada pelo recíproco apoio que se prestam os seres humanos e justifica a recíproca responsabilidade que assumem. De acordo com essa ideia diretriz, explica-se que a geração de trabalhadores ativos tome a seu encargo sustentar as prestações destinadas aos que se encontram em passividade.

A solidariedade manifesta-se no processo de redistribuição que caracteriza a seguridade social. Distingue-se um duplo sentido redistributivo: um intrageracional, dentro da mesma geração, dos que têm em relação aos que não têm no mesmo período, dos sãos aos enfermos, dos empregados aos desempregados, e outro intergeracional, das gerações ativas para as passivas (aposentados).

A realização do princípio da solidariedade implica uma preferência pelo sistema de distribuição como mecanismo financeiro, já que sua implementação permite estabelecer solidariedade intra e entre as gerações, de tal forma que o conjunto dos atuais ativos não está pagando suas prestações, mas as dos atuais passivos, e com o mesmo sentido contribuem os sãos aos enfermos.

O caráter público da seguridade social é um pressuposto de sua implantação obrigatória. Só o Estado pode fazê-lo e se impõe como uma necessidade histórica. É o Estado o encarregado de fazer cumprir as obrigações e reconhecer os direitos.

Todas as pessoas devem ser amparadas igualitariamente perante uma mesma contingência. É um princípio vinculado ao da solidariedade e unidade do sistema. A concretização destes princípios solidariedade-unidade-igualdade permite que todas as pessoas tenham direito a idênticas prestações perante as mesmas situações de necessidade, e para isso é fundamental que se preserve a unidade. Por sua vez, o princípio de igualdade expressa que todos os membros da sociedade são tratados da mesma maneira.

Nos países da América Latina, as constituições consagram o princípio da igualdade, historicamente, como igualdade de todos perante a lei, mas a partir do desenvolvimento do constitucionalismo social, expressa-se como busca da igualdade material. A existência de regimes gerais e especiais em matéria previdenciária impugna esse princípio. Justifica-se nos casos de atividades trabalhistas diferentes que, por isso, são tratadas de diferentes maneiras (tarefas que importam envelhecimento prematuro, desgaste ou *stress*), autorizando não só requisitos de acesso aos benefícios distintos, mas, também, às vezes, prestações de quantia diferente. Isto nos remete à interpretação que os tribunais fizeram do princípio da igualdade levando em conta as características sociais, econômicas, laborais, produtivas, etecetera.

Uma característica da seguridade social (diferentemente dos seguros sociais) é sua tendência a eliminar a diversidade de regimes, dispersos pelos coletivos de trabalhadores protegidos, tendendo a que a população segurada (que, na hipótese, tem que ser toda, todas as pessoas) seja protegida contra os mesmos riscos, com a mesma intensidade.

Por intermédio da seguridade social, põe-se em prática um princípio de nivelação social que obriga a uma atividade promocional dos poderes públicos. Trata-se de compensar as limitações reais em que os indivíduos se encontram na hora de atender por si mesmos às contingências. Só a universalização do âmbito da cobertura permite alcançar a ideia da substancial igualdade e dignidade do ser humano. A igualdade material é um conteúdo essencial da seguridade social.

Todos os setores da sociedade têm responsabilidade no financiamento do sistema de acordo com suas possibilidades e em forma progressiva.

A Convenção n. 102 da OIT estabelece a participação dos representantes dos trabalhadores e a possível dos empregadores na administração dos sistemas de seguridade social.

A seguridade social é um regime público, uma função do Estado, de tal importância que nos permite reconhecer a existência ou não de um Estado social. A seguridade social é pública e, por isso, obrigatória; seguridade social e privada se repelem.

Em matéria de seguridade social predomina, ou é determinante, o interesse público sobre qualquer interesse privado. A seguridade social está definida como uma função essencial do Estado. Isto significa a imposição da solidariedade para dar satisfação ao interesse público. Trata-se de uma solidariedade mais ampla, que excede aos próprios beneficiários, compromete ao próprio Estado, garantindo as prestações aos beneficiários.

O ânimo de lucro é incompatível com um regime de seguridade social. Em seu momento, a passagem de um sistema de seguros privados a um de seguros sociais baseou-se na necessidade de eliminar o lucro.

A unidade dos sistemas de seguridade social é um tema chave frente à fragmentação que significam os distintos entes estaduais, ou municipais, ou os regimes especiais.

O princípio de justiça social orienta todo o referido aos direitos sociais e, também, os da seguridade social.

VI. Os direitos sociais, direitos flexíveis

O debate sobre o futuro da seguridade social volta a se instalar em todo o mundo. No plano teórico, consiste para alguns autores em construir um novo regime de proteção social orientado aos que foram abandonados. A alternativa de manter proteções fortes e incondicionais, construídas a partir do trabalho, diz-se, forma parte do passado, é substituída por ajudas a pessoas afastadas do mercado de emprego.

Propõe-se um mínimo para os mais desfavorecidos, de base solidária, financiado por impostos e um seguro a partir do emprego, por meio dos seguros privados.

O projeto de um Estado social universalista se esgota e surge um Estado que funciona com o princípio de discriminação positiva, de apoio aos grupos desfavorecidos.

Condiciona-se a Seguridade Social à disponibilidade de recursos, um enfoque de direitos é substituído por outro meramente assistencial ou de direitos mínimos. A análise econômica do direito também invade a seguridade social.

Substitui-se o sujeito, o trabalhador; não são direitos coletivos, mas direitos de cidadania; não conduz a prestações homogêneas para todos, mas a ações para excluídos.

A individualização dos direitos sociais significa a abolição dos direitos derivados e sua substituição por direitos próprios.

Um exemplo de falta de universalidade e incondicionalidade dos direitos é encontrado na proliferação de planos sociais que não têm caráter universal. Trata-se de um direito individualizado a favor dos trabalhadores que se encontrem "desocupados ou que atuem na economia informal". Não é um direito social universal incondicional e sem limites, mas que responde a uma concepção focalizada, de ajuda aos setores mais vulneráveis, sem que se pretenda modificar a situação de pobreza estrutural em que se encontram.

Destrói-se a seguridade social como direito universal e tende-se a reconhecê-la como um direito precário ou mínimo aos setores de menor renda. Os novos planos não revertem a segmentação dos benefícios.

Impõe-se uma política de Estado que aponta ao reconhecimento de direitos sociais como direitos mínimos e condicionais. Substitui-se a concepção dos direitos sociais, como direitos humanos fundamentais, de caráter incondicional, universal e suficiente, por direitos de pobreza, que a institucionaliza como tal, condicionados ao cumprimento de determinados requisitos e obrigações.

Continua-se com uma política de reinterpretação dos direitos sociais que leva a uma concepção dos direitos como mínimos assistenciais. Estabelece-se uma relação contratual por meio dos denominados sistemas de assistência social convencionais, que são focalizados sobre os pobres e que requerem deles o cumprimento de determinadas obrigações.

Este caráter de mínimos apresenta-se nas reformas de toda a seguridade social. A lógica assistencial é a que predomina.

Com estas políticas, convalida-se a exclusão e a pobreza e legaliza-se a economia informal. Abandona-se uma política de universalização dos direitos dos trabalhadores, de pleno emprego, de salário mínimo vital e móvel.

Alguns autores, como Rosanvallon, propõem, diante da desagregação do Estado de Bem-Estar e do crescimento da exclusão, uma renda mínima de inserção[19], a inserção pelo trabalho na luta contra a exclusão. Critica a ideia da dotação universal como expressão de uma tendência à dissociação entre a esfera da atividade econômica e a solidariedade. Trata-se de um novo tipo de direito social que ocupa um ponto intermediário entre direito e contrato.

É um direito, porque é acessível a todos para obter um mínimo de recursos, mas também é um contrato, ligado a uma contrapartida ao compromisso do beneficiário em um rumo de inserção. Um direito, pelo contrário, é por essência de aplicação universal e incondicional.

Neste caso, não se propõe voltar à caridade, mas desloca-se a obrigação de universalidade que define um direito. Vincula-se o social com o econômico, sujeita-se o social ao econômico, em uma nova remercantilização da seguridade social[20].

Nesta corrente de pensamento, os direitos sociais são reinterpretados em uma perspectiva contratualista, que articula direitos e obrigações.

Castel assinala a mudança profunda que implica a passagem para uma reindividualização na maneira de assumir as tarefas trabalhistas. Uma dicotomia entre proteções fortes e incondicionais, construídas a partir do trabalho, e ajudas a pessoas afastadas do mercado de emprego[21].

A partir de outra perspectiva, Ferrajoli[22], ao referir-se à herança da *Tangentopoli*, na Itália, como o nome apropriado para "nosso Estado social de não

---

(19) ROSANVALLON, Pierre. *La nueva cuestión social*. Buenos Aires: Manantial, 1995. p. 105, qualifica o Estado providência como uma máquina de indenizar.

(20) Destaca ROSANVALLON, op. cit., p. 204, que "... pode se inaugurar uma nova era do Estado providência, com o reestabelecimento de políticas assistenciais arcaicas". Trata-se da implantação de um Estado de Bem-Estar minimalista cujo único objetivo é a luta contra a pobreza extrema.

(21) Diz Robert Castel que nos orientamos a uma reconfiguração do regime de proteção em três polos, "ou a três velocidades: ... recursos e coberturas mínimas para as populações mais desfavorecidas", "proteções de seguro básicas que seguem sendo construídas a partir do emprego, mas com diminuição dos riscos cobertos e/ou do umbral de sua responsabilização... e seguros completamente privados" (*La inseguridad social ¿Qué es estar protegido?* Buenos Aires: Manantial, 2004. p. 94 e 95, nota 7).

(22) FERRAJOLI, Luigi. El futuro del Estado social y la renta mínima garantizada. PISARELLO, Gerardo; CABO, Antonio de (eds.). *La renta básica como nuevo derecho ciudadano*. Madrid: Trotta, 2006. p. 70-71.

direito e para nossa corrupta economia", sugere a necessidade da elaboração de "uma nova legalidade do Estado social", baseada "na rígida separação entre Estado e mercado, a máxima desburocratização das intervenções públicas e sua articulação segundo a lógica universalista dos direitos antes que sobre a das prestações direcionais e seletivas de tipo burocrático".

VII. A SEGURIDADE SOCIAL COMO UM DIREITO HUMANO FUNDAMENTAL

Segundo estimativas da Organização Internacional do Trabalho (OIT), 50% da população mundial carecem de qualquer tipo de cobertura social, enquanto que 80% têm uma proteção insuficiente. O informe da OIT perante a cúpula do G20 em Pittsburg, em setembro de 2009, sustentava que os efeitos sobre o emprego dos regimes de seguridade social eram tão importantes quanto os pacotes de incentivos aos bancos e à indústria, mas mais justos socialmente.

Na América Latina, 51% dos homens e 57,1% das mulheres trabalham no setor informal, que além disso concentra-se nas ocupações por conta própria de baixa produtividade e no serviço doméstico[23].

O Banco Mundial e a OCDE atribuem, em matéria de proteção social, um papel central ao mercado, atribuindo aos sistemas públicos de pensões um papel residual de luta contra a pobreza, ampliando dessa maneira o campo das pensões privadas[24].

O sistema de pensões de múltiplos pilares sugerido pelo Banco Mundial compõe-se de uma combinação de elementos básicos: a) um não contributivo ou "pilar zero" (pensão social) que provê um nível mínimo de renda; b) um sistema contributivo obrigatório, "primeiro pilar", que está ligado ao nível de renda e busca substituir uma de suas porções; c) um "segundo pilar" obrigatório que é essencialmente uma conta de poupança individual, mas que pode ser construída de variadas formas; d) ajustes voluntários de "terceiro pilar", que também podem tomar muitas formas (programas individuais, programas de grupos financiados pelo empregador, de benefício definido, ou de contribuição definida), mas que são flexíveis e de natureza voluntária, e e) fontes de apoio informal intrafamiliar ou intergeracional, tanto financeiras como não financeiras, incluindo acesso à saúde e moradia, para os mais velhos[25].

---

(23) *Panorama Laboral 2009*, América Latina e Caribe, p. 13.
(24) Cf. LANVIN, Mikel de La Fuente. *Reparto y capitalización. Estudio comparado de sistemas de pensiones*. Madri: CES, 2007. p. 371.
(25) *Soporte del ingreso de vejez en el siglo Veintiuno: Una perspectiva internacional de los sistemas y de las reformas*, Holzmann, Robert e Hinz, Richard, junto com Hermann von GerdsdorffIndermitt Gill, Gregorio Impavido, Alberto R. Musalem, Michael Rutkowski, Robert Palacios, David Robalino, Ivonne Sin, Kalanidhi Subbarao, Anita Schwarz, Banco Mundial, 2005. p. 7.

O documento pretende incorporar as lições e experiências internacionais e investigações recentes a partir da publicação de *Envejecimiento sin crisis* (1995). O conceito tradicional de três pilares: a) um sistema de benefício definido obrigatório financiado pela distribuição e dirigido publicamente; b) um sistema de contribuição definida obrigatória, financiado e dirigido pelo setor privado, e c) a poupança voluntária foi estendida para incluir dois pilares adicionais, um deles assistencial.

Na Europa, impõem-se as estratégias de individualização dos direitos sociais de pensão.

Enquanto o consenso keynesiano atribuía ao Estado de bem-estar a compensação das desigualdades produzidas pelo mercado, em particular, mediante pensões substitutivas do salário, agora se propõem pensões mínimas, financiadas com impostos.

Na maioria de nossos países, apresenta-se a contradição entre um regime de distribuição universal e solidária, e/ou um regime de capitalização condicionado, com benefícios públicos mínimos e pensões de acordo com os aportes e o resultado dos investimentos de risco.

Neste contexto, a participação efetiva dos trabalhadores é fundamental para reconstruir um sistema de seguridade social baseado nos princípios de solidariedade, universalidade, igualdade de tratamento, participação ou administração democrática, responsabilidade do Estado e equidade.

O direito à seguridade social forma parte dos direitos humanos fundamentais, é um valor universal, assim foi reconhecido na Declaração Universal dos Direitos Humanos de 1948, no Pacto Internacional de Direitos Econômicos, Sociais e Culturais de 1966, na Declaração Americana dos Direitos e Deveres do Homem de 1968 e no Protocolo de San Salvador, de 1999.

Por sua vez, a Convenção n. 102 da Seguridade Social (norma mínima) da OIT[26] estabelece o conjunto de riscos sociais que geram estados de necessidade que devem ser enfrentados pelos Estados conforme um mínimo que possa ser assumido que deve ser desenvolvido progressivamente.

De nossa parte, pensamos que se trata de construir em nossos países "um direito à seguridade social, que cubra as necessidades vitais do trabalhador e de sua família, frente às contingências sociais que possam afetar sua renda econômica". Para isso, é necessário que o Estado assuma plenamente a obrigação de organizar e administrar a seguridade social com a participação dos trabalhadores.

---

(26) Dos países da América Latina, ratificaram a Convenção n. 102: Equador, Bolívia, Peru, Venezuela, Brasil, Costa Rica, Barbados, México e Uruguai e está em processo de ratificação na Argentina.

10. Institucionalização de uma Renda Básica Cidadã como Direito de cada Pessoa, sem Importar sua Raça, Sexo, Idade, Condição Civil ou Social, de Receber uma Renda para Atender a suas Necessidades Vitais

Para a Redistribuição e a Reapropriação da Riqueza Social[(*)]

Diego Fernando Boglioli

I. Antecedentes da ideia e proposta de uma "rendimento cidadão" ou "renda básica"

O germe do moderno desenvolvimento teórico de uma renda cidadã ou Renda Básica[(1)] remonta-se à *polis* grega com Aristóteles, atravessa o século XVIII da mão

---
(*) Este trabalho é parte das *Bases constitucionales de América Latina y Caribe*, elaborada pela Equipe Federal do Trabalho coordenada por Dr. Rodolfo Capón Filas. Seu autor é um dos 91 juristas latino-americanos que participaram.

(1) Adotarei, aqui, a denominação mais usual de "Renda Básica" — R.B. —, mas não a única utilizada, já que a proposta recebeu diferentes denominações, que nem sempre expressam exatamente a mesma ideia: "renda básica", "renda básica garantida", "renda de cidadania", "renda básica de cidadania", "renda vital", "renda social", "renda mínima pessoal", "renda pela condição de cidadão", "rendimento garantido",

de Maximilien Robespierre, de Thomas Pine, e em outros humanistas, e no século passado na própria Doutrina Social da Igreja Católica[2], encontrando campo sempre fértil para sua formulação durante períodos marcados por situações de exclusão e pobreza extrema de importantes porções da população, especialmente na Europa e nos EUA. Afirma Passet: "As justificativas teóricas variam em função das épocas e seus partidários. São de ordem econômica e social"[3], pelo que não deve nos surpreender encontrar bases teóricas de fundamentação da ideia — em toda a amplitude de suas formulações possível — em um arco que vai desde o liberalismo até o marxismo.

A forte irrupção a partir dos anos 1980 do neoliberalismo — e suas drásticas consequências sobre a distribuição da renda, do emprego, de precarização das condições de trabalho, entre outras — reavivaram o debate sobre a chamada "renda básica" como alternativa "sistêmica" à crise social gerada pelas políticas baseadas naquela doutrina, questão que ademais se vincula com debates sobre o desemprego, a distribuição do trabalho, a redução da jornada laboral e, em outro plano não menos transcendente, com a própria noção de "cidadania"(social) e com a tradição republicana e da liberdade[4]. Em última análise, tratar-se-á modernamente de dotar os direitos civis, políticos e sociais de uma base material real dentro de um novo conceito de cidadania social[5].

"rendimento cidadão", "salário de toda a cidadania", "salário universal", "salário social", "salário mínimo existencial", "dividendo social", "subsídio universal garantido", "abono universal".
(2) "A cidade ou a sociedade política existe para viver bem". Paine propunha: "Criar um fundo nacional, do qual se pagará a cada pessoa, quando alcance a idade de vinte e um anos, a soma de quinze libras esterlinas, como compensação parcial pela perda de sua herança natural causada pela introdução do sistema de propriedade territorial. E ademais, a soma de dez libras ao ano, de por vida, a cada pessoa atualmente viva de cinquenta anos de idade, e a todos os demais quando alcancem esta idade" (PAINE, Thomas. *Agrarian justice*). João XXIII enfatizava: "Não basta afirmar que o homem tem um direito natural à propriedade privada dos bens, incluídos os de produção, se ao mesmo tempo não se procura, com toda energia, que se estenda a todas as classes sociais o exercício deste direito" (*Mater et Magistra*).
(3) Ver PASSET, René. *La ilusión neoliberal*. Debate, 2001. Por sua parte, Negri e Hardt veem a proposta de R.B. como instrumento de transformação do atual capitalismo imperial.
(4) A grande tradição republicana, a tradição da liberdade, a tradição que desde Aristóteles até Jefferson e Paine, desde o melhor Maquiavel a Cromwell e Harrington, desde Bolivar até Juarez e Zapata combateu toda expressão política da tirania e do despotismo, sem esquecer a que aninha nas entranhas das relações sociais; esta tradição milenar, dissemos, apostou claramente na independência material como critério de cidadania plena. Por isso, foi uma tradição tão fortemente proprietarista e considerou na propriedade da terra a possibilidade da liberdade. Uma democracia de pequenos (e grandes) produtores independentes foi, sem ir mais longe, o sonho de Jefferson, um sonho, é óbvio dizer, que o mundo industrial moderno varreu ao criar um enorme exército de excluídos da propriedade do capital (e da terra): o assalariado, o trabalhador livre" (RAVENTÓS, Daniel; FRANCISCO, Andrés de. *Republicanismo y renta básica*, publicado em *Veu alternativa* e cit. Disponível em: <www.attacmadrid.org>). Raventós teoriza sobre a relação estreita existente entre republicanismo e R. B., afirmando que "o republicanismo, coerente com seu ideal de liberdade como não dominação, está interessado na independência socioeconômica de toda a cidadania... Por isso se um Estado republicano está comprometido com o progresso da causa da liberdade como não dominação entre seus cidadãos, não pode menos que adotar uma política que promova a independência socioeconômica" (cf. *El salario de toda la ciudadanía*. Disponível em: <www.attacmadrid.org>).
(5) A respeito, sustenta-se: "Partindo de que os direitos humanos e sociais estão baseados no respeito pela dignidade de todos os indivíduos pelo fato de serem pessoas e pertencerem à sociedade, o novo

A ideia consiste em estabelecer uma receita básica, incondicional e universal, outorgada então a todo indivíduo, desde seu nascimento, sem nenhuma condição de estado familiar ou profissional. O princípio, revolucionário, consiste em que se teria direito a esta renda de existência porque se existe, e não por existir. É um direito de cidadania, fundamental não somente para o desenvolvimento econômico, mas para o de outros direitos, os quais, sem a renda básica, ficariam como meros formalismos. Em princípio, a R. B. poderia fazer-se extensiva a toda a humanidade, já que, aqui e agora, o produto mundial repartido equitativamente bastaria para assegurar uma vida confortável ao conjunto dos habitantes do planeta (Ramonet).

Enquanto a proposta de uma R. B. é compatível — ao menos teoricamente — com uma economia capitalista (posto que não questiona a propriedade privada sobre os meios de produção nem a existência do mercado, não obstante há quem a considere um importante passo gradual em direção ao comunismo — "um caminho capitalista para o comunismo" —, citando a enunciação por Marx da primeira parte da lei econômica do comunismo: "A cada qual segundo suas necessidades" — Salavert), a implantação de uma R. B. põe em crise — em sua base — a distribuição inequitativa dos frutos desse patrimônio comum conformado pelos recursos produtivos — recursos naturais e conhecimentos coletivos, ambos apropriados de forma privada —, posto que em última análise a riqueza é uma criação coletiva (isto é, que a distribuição dos meios de pagamento corresponda ao volume da riqueza criada e não meramente ao volume de trabalho oferecido — Marx, Gorz), ponto de vista igualitarista e solidário. Uma concepção que poderia ser conceituada "na metade do caminho" entre o liberalismo clássico (ainda em seu *remake* neoliberal) e o marxismo[6].

Sendo então uma proposta na contramão da lógica do sistema capitalista (que implicaria na redistribuição e na reapropriação da riqueza social existente), não chega a atacá-la medularmente; no entanto, vai um passo mais além do Estado de Bem-Estar clássico ao outorgar a liberdade de viver fora do mercado de trabalho capitalista (Noguera), aplicando um duro golpe à necessidade vital dos trabalhadores

---

conceito de cidadania social deve reconhecer o inalienável direito individual, universal e incondicional a condições básicas de existência e, por consequência, a dispor dos bens econômicos e materiais necessários para tanto. Isto implica a obrigação social de proporcionar a todas as pessoas os meios precisos para fazer efetivo o pleno exercício de seus direitos, mediante o estabelecimento de mecanismos claros que, como a renda básica ou o salário social, devem ser de caráter subjetivo ou não gracioso (isto é, garantidos para cada indivíduo como inegociáveis) e não condicionados a contrapartida alguma em relação ao mercado laboral" (*Observatorio de renta básica*. Madrid, set. 2002. Disponível em: <www.attacmadrid.org>).

(6) Efetuando uma justificativa da R. B. a partir do marxismo, Iglesias Fernández afirma: "... a apropriação privada de um bem coletivo, de um recurso que pertence a todos, e que é indispensável para a sobrevivência humana, justifica a implantação da RB, ou seja, a expropriação de um recurso que é imprescindível na atualidade para a sobrevivência das pessoas obriga o sistema capitalista a proporcionar aos expropriados uma renda que os compense periodicamente desta perda, e que sua quantidade seja suficiente para que possam cobrir totalmente as necessidades materiais" (FERNÁNDEZ, José Iglesias. *El trabajo general como justificación de la renta básica*. Disponível em: <www.attacmadrid.org>).

de ter que vender sua força de trabalho — muitas vezes a qualquer preço — no mercado de trabalho, sem que por outra parte uma R. B. suficiente para cobrir as necessidades básicas comporte necessariamente que as pessoas optem por não se empregar no mercado de trabalho mas, em todo caso, as colocará em melhores condições para negociar suas condições de trabalho[7].

A proposta parte, conforme se formulou, da distinção entre trabalho e emprego, resgatando a importância do primeiro e seu sentido amplo (que inclui toda atividade humana, remunerada ou não salarialmente, de utilidade social e necessária para o melhor funcionamento da sociedade — ex.: o trabalho doméstico, o voluntariado social etc.) diferenciando-o do segundo (limitado a aquelas atividades subordinadas remuneradas e inseridas no mercado laboral), destacando os efeitos benéficos — individuais e sociais — que uma R. B. implicaria na relação a maiores possibilidades das pessoas de eleger entre "trabalhar" ou "empregar-se".

A noção de *incondicionalidade* da proposta supõe a ruptura com a lógica clássica da concessão de prestações sujeitas a determinadas condicionalidades (contribuições prévias, comprovação de níveis de receitas, de situação de desemprego ou de busca de emprego, exigência de capacitação ou de prestação de determinado trabalho, ou da contraprestação de um trabalho "socialmente útil" etc.) enquanto que a noção de *universalidade* supõe romper com o clássico esgotamento das prestações de assistência a determinados coletivos ou grupos sociais determinados segundo critérios objetivos (desocupados, anciões, crianças etc.) superando assim substancialmente a lógica dos sistemas clássicos contributivo-assistenciais próprios do Estado de Bem-estar.

Seus detratores afirmam que a implantação de uma R. B. fomentaria a rejeição das pessoas a empregar-se no mercado de trabalho, preconceito que não apenas não tem demonstração prática, como ademais parte de supor que o único trabalho

---

(7) María Jesús Izquierdo, professora da Universidade Autónoma de Barcelona, efetua uma aguda crítica à "personalização das negociações trabalhistas" que alguns exaltam como consequência benéfica da implantação de uma R.B., esquecendo o inegável desequilíbrio negocial de todo trabalhador individualmente situado diante de seu empregador, criticando tais propostas por errôneas e, inclusive, de má-fé, ao mesmo tempo que resgata a noção de "sujeito coletivo" (os trabalhadores sindicalizados) a fim de obter um equilíbrio de forças entre trabalho e capital na hora de negociar coletivamente (cf. IZQUIERDO, María Jesús. *¿Reparto del trabajo o renta básica?* Disponível em: <www.attacmadrid.org>). Também deveríamos nos deter na análise da "nova" realidade socioeconômica-trabalhista sobre a qual operaria uma R. B. e sua "funcionalidade" sobre a superação (ou melhor dizendo, pretensão de ocultação) da lógica do capitalismo sustentada na existência de uma classe (a operária) e seu destino de luta coletiva por outra lógica (aparente) baseada na individualização da "negociação" entre o cidadão e o empresário-empregador; perguntas pelo estilo se faz Passet: Em que realidades sociais, nos pergunta, creem que estão em condições de se basear? Marx coexistia com um proletariado, cada vez mais numeroso, reagrupado nas fábricas, mais e melhor organizado a cada dia. O proletariado, em sua acepção marxiana, já não existe; a classe operária, dizimada, debilitada, não conta mais com incapazes; também estes estão divididos: eventualmente mostram-se incapazes de coligar-se em escala nacional, quando os interesses contra os quais lutam articulam--se em escala planetária. As linhas de fratura atravessam as classes de parte a parte, se o termo "classe" conserva na atualidade algum sentido" (Ver PASSET. *Op. cit.*, p. 3).

possível é o trabalho subordinado remunerado no mercado; o que em todo caso geraria uma reticência de um crescente número de pessoas a "vender" sua força de trabalho a preço vil em tal mercado e a possibilidade de aceder ou manter-se em outras atividades trabalhistas alternativas (trabalho doméstico, autônomo, voluntariado social, etecetera)[8].

II. INSTRUMENTOS CONSTITUCIONAIS FUNDANTES

A proposta pode encontrar sólido sustento normativo em diversas cartas internacionais, a saber: o Preâmbulo e o art. 25 da Declaração Universal dos Direitos Humanos (ONU, 1948); o Preâmbulo e os arts. 1º, 2º, 21.1 e 26 da Convenção Americana sobre Direitos Humanos (Pacto de São José da Costa Rica, OEA); o Preâmbulo e o art. 11 do Pacto Internacional de Direitos Econômicos, Sociais e Culturais (PIDESC, ONU, 1966)[9].

III. A R. B., CONSAGRADA CONSTITUCIONALMENTE, SERIA UM DIREITO ECONÔMICO FUNDAMENTAL, DIRETAMENTE OPERATIVO E JUDICIALMENTE EXIGÍVEL

A adoção de tratados internacionais que consagram direitos econômicos, sociais e culturais geram obrigações concretas ao Estado, que — assumindo suas particularidades — muitas destas obrigações resultam exigíveis judicialmente (Abramovich-Courtis).

A R. B. deve ser considerada como um direito econômico fundamental e como base material dos demais direitos constitucionais e dos DD.HH., que ficariam no abstrato se não existisse uma receita cidadã garantida a todos, posto que sem independência socioeconômica não há liberdade, passando a ser vista a segurança nas receitas como um direito de cidadania, uma garantia de segurança econômica *ex ante* e não *ex post*, como vem fazendo boa parte dos sistemas de garantia de receitas e proteção social, que entram em ação uma vez que se tenha manifestado a situação de pobreza que se deve combater (Raventós e Casassas). Em última análise, e em sua materialização normativa, dever-se-á regular como um "direito subjetivo" baseado na qualidade da cidadania (Antón).

---

[8] Respondendo à maioria das críticas que foram feitas, a partir de diferentes ângulos, à implantação de uma R. B., ver PASSET. *Op. cit.*, p. 3.
[9] Declaração Universal dos Direitos Humanos, art. 25: "Toda pessoa tem direito a um nível de vida adequado que lhe assegure, assim como a sua família, a saúde e o bem-estar, e em especial a alimentação, a vestimenta, a moradia, a assistência médica e os serviços sociais necessários; tem também direito aos seguros em caso de desemprego, enfermidade, invalidez, viuvez, velhice e outros casos de perda de seus meios de subsistência por circunstâncias independentes de sua vontade" (como se pode comprovar, não se trata de um direito vinculado ao trabalho, mas meramente à condição de ser humano).

IV. Benefícios que implicaria a implantação de uma R. B.

Foram destacados (Noguera) os benefícios diversos que implicaria a introdução de uma R. B., a saber: 1) a R. B. superaria a fragmentação entre beneficiários de distintas prestações sociais, assim como os déficits de cobertura; 2) superaria, também os problemas de estigmatização social; 3) não existiria mais o controle da vida privada que supõe os subsídios condicionais; 4) economizaria custos de administração das prestações e simplificaria legalmente a ação protetora do Estado; 5) faria desaparecer as "armadilhas" da pobreza e do desemprego; de fato, erradicaria a pobreza e dissolveria a própria problemática do desemprego; 6) superaria também a possível fraude na cobrança de prestações, economizando muitos recursos em matéria de fiscalização; 7) por fim, a R. B. adaptar-se-ia melhor às mudanças sociais em curso no mercado de trabalho, nas formas de família e nos estilos de vida (individualização etc.), ante os quais as políticas sociais tradicionais falham[10]. A todos estes possíveis benefícios da implantação de uma RB, agregaria que a determinação do valor de uma cesta de bens essenciais — cujo custo de aquisição a R. B. deveria cobrir — será útil para discernir a necessidade de seu consumo em relação ao consumismo a que estamos submetidos no tocante àqueles bens não essenciais, cuja pseudonecessidade (sentida muitas vezes como vital) é induzida pelo sistema capitalista.

V. Viabilidade da proposta: da Europa à América

Mas não deve passar por alto que a proposta (em todas as suas variantes possíveis) provém majoritariamente de países desenvolvidos — nos quais "o piso da pobreza" é substancialmente mais alto que na América Latina —, pelo que bem vale advertir sobre sua viabilidade concreta em países como os nossos, que padecem de uma desigualdade socioeconômica estrutural e histórica. É que não advertir isto pode nos levar a propostas meramente utópicas ou cuja implementação seja finalmente tendenciosa, até chegar a desnaturalizar a proposta (como alguns já advertem que ocorre no Brasil com a nova lei de renda básica de cidadania)[11].

Outra questão que merece detida análise é a da existência simultânea de países, zonas ou regiões econômicas nas quais exista R. B. garantida (ou sistemas

---

(10) NOGUERA, José Antonio. *La renta básica y el Estado de bienestar. Una aplicación al caso español.* Disponível em: <www.attacmadrid.org>.

(11) Depois de 12 anos de tramitação parlamentar, o Brasil promulgou a Lei da Renda Básica da Cidadania (10.835, promulgada em 8.1.2004) na qual se são contemplados os requisitos tradicionalmente aceitos da proposta de uma R. B., já se alçam vozes que alertam sobre sua possível inaplicação prática, em razão de seu notório gradualismo e sujeição a possibilidades orçamentárias estatais, pelo que sua "... factibilidade parece, no entanto, distante, especialmente em países financeiramente débeis como os considerados ainda em desenvolvimento" (ver OSAVA, Mario. *Brasil*: renta por existir. Disponível em: <www.ipsenespanol.net>).

que dão algum nível de "proteção socioeconômica" com características mais ou menos similares) e de outras nas quais isso não ocorra, posto que o capital "naturalmente" aproveitará as vantagens (o "*dumping* social") que tais assimetrias lhe apresentam e migrará (ao menos seletivamente) para estas regiões. E isto é o que já vem ocorrendo com o sistema capitalista na economia globalizada contemporânea, o que foi bem advertido por distintos pensadores[12]. A implantação de uma R. B., que fique então bem claro, não deveria converter-se em uma causa "nacionalista", restrita a "blocos econômicos" ou que suponha um conceito limitado de "cidadania", mas uma pretensão marcadamente "universalista" [13].

VI. AS DIFERENTES ALTERNATIVAS E MATIZES QUE SE DESPRENDEM DA PROPOSTA. ANÁLISE DAS MODALIDADES QUE PODE ASSUMIR A R. B.

Efetuaram-se também propostas de modalidades diferenciais de R. B., as quais, inclusive em alguns casos, mesclam elementos próprios de outras propostas de natureza contributiva prévia ou assistencial ou outras condicionalidades assim como

---

(12) Naomi Klein, citada por Schapire, fala das consequências de "... uma estratégia econômica que condena os empregados do Primeiro Mundo a viver de trabalhos precários e mal pagos e aos do Terceiro a uma exploração sub-humana nas fábricas da Ásia e América Latina", em um interessantíssimo trabalho de investigação que a levou — durante 4 anos — dos subúrbios de Toronto às vilas miseráveis das Filipinas e Indonésia. O resultado deste trabalho é o livro *No Logo*, ou como a pergunta "de onde vêm meus tênis?" se transforma — nos termos do diário inglês *The Observer* — "no *Das Kapital* da crescente luta dos movimentos contra as multinacionais". Segue dizendo Klein, em seu livro a respeito da era das marcas, em que a imagem é tudo: "Passamos de um capitalismo de objetos para um capitalismo de imagens". "Um consenso havia emergido entre os dirigentes, segundo o qual as grandes empresas possuíam muitos bens (fábricas, materiais) e empregavam pessoas demais; em poucas palavras, lhes incomodava o peso de tantas coisas concretas"; era o auge do *New Age*, os novos empresários como Bill Gates ou Richard Branson (da Virgin Records) injetavam nas multinacionais sua interpretação da cultura espiritual dos anos 1960. Tudo devia ser *cool* ou *light*: assistíamos a um momento em que imperava a "transcendência do comercial", um novo componente espiritual desejoso de "libertar-se do mundo material". A cultura empresarial havia se transformado. Os chefes já não usavam gravata e impunha-se uma nova gíria em que os empregados se convertiam em *coequipers* ou *partners* que trabalham em lugares parecidos com *campus* universitários ou laboratórios secretos. Neste universo depurado, a produção passava a ser um mal necessário, "uma atividade fastidiosa e marginal". Enquanto os cérebros criativos se concentravam nas estratégias de mercadotecnia, a fabricação adotava 'o papel subalterno do qual deviam se ocupar os provedores e subcontratados, cuja função se limitava a cumprir com o pedido a tempo e dentro dos limites orçamentários ("idealmente no Terceiro Mundo, onde a mão de obra não custa nada, onde as leis são frouxas e as vantagens fiscais moeda corrente"). "Klein recorda que a Nike é o protótipo da "marca sem produto"; a empresa não possui nenhuma fábrica, mas subcontrata a produção de indumentária nos *sweatshops* ("fábricas de suor"), verdadeiros depósitos de mão de obra instalados nas zonas francas de países como Indonésia, China, México, Vietnã e Filipinas... O mundo *cool* desterrou de seu léxico os termos 'trabalhadores', 'fábricas' e 'sindicatos'" (ver artigo de Alejo Schapires no Suplemento "Radar" do *Diário Página 12*, edição de 13.5.2001, p. 4).

(13) Bem aponta Izquierdo sobre a ideia de "universalidade" da R. B. — com os olhos nas propostas que poderíamos denominar "eurocêntricas": Quando falamos de um subsídio universal e incondicional, a que universo estamos nos referindo? A construção da cidadania europeia está contribuindo para reforçar as políticas de exclusão. É possível desde uma posição de esquerdas defender a cidadania europeia e uma noção de direitos universais que é, na prática, excludente?" (cf. IZQUIERDO. *Op. cit.*).

majoritariamente admitiu-se a possibilidade (quando não a conveniência) da transição gradual dos esquemas contributivos e/ou assistenciais ao da R. B., que supõe a coexistência temporal com os outros modelos de intervenção estatal (políticas ativas de emprego e formação laboral, determinados serviços sociais etc.). Excederia este trabalho a enumeração detalhada das distintas alternativas possíveis[14].

Também excederia esta enunciação teórica a formulação de maiores precisões acerca da proposta, mas não se quer deixar de destacar as relacionadas com: a) que nível e que órgão/s deveria/m administrar o sistema e seu pagamento? b) quem e/ou como se financia (se prevê a existência de um Banco Central Latino-americano?); b.1) a relocação dos recursos; far-se-á em nível local — nacional — ou regional — latino-americano?; c) nível de assunção da obrigação: União, Estados nacionais, âmbito político menor; d) se deve alcançar também os residentes não cidadãos dos Estados-membros da União Latino-americana e, em caso afirmativo, requer-se um tempo mínimo de residência ou só comprovar habitualidade na residência em qualquer dos países da União; e) montante único da prestação ou montantes diferenciais conforme determinadas pautas objetivas — idade, por ex.; f) periodicidade do pagamento, impenhorabilidade etc. (casuísmo que pode ser rígido ou flexibilidade normativa que pode ser contraproducente); g) possibilidade de um sistema misto composto por uma renda em dinheiro e por outras prestações educativas, sanitárias, de transporte etc.; h) o montante mesmo da R. B., em base a que parâmetros seria estabelecido e a que valor deveria chegar?[15].

---

(14) Sem pretender esgotar a lista de alternativas propostas, resumo:
1. R. B. totalmente incondicional e universal (Van Parijs [1995] e Raventós [1999]).
2. R. B. incondicional e universal, mas "parcial" no tocante a sua quantia ou aos coletivos beneficiados (Iglesias [1998]), assumindo um caráter progressivo, evitando-se assim, ao menos provisoriamente, a universalidade e incondicionalidade da proposta.
3. R. B. condicional à realização de algum tipo de trabalho "socialmente útil" (Gorz [1992]), entre as quais poderíamos incluir — como uma variante interessante à luz da realidade dos países latino-americanos — a exigência de comprovar como "contraprestação" a escolarização e a realização de controles sanitários periódicos por parte de quem perceba a "prestação universal a menores de 18 anos" (Central de Trabajadores Argentinos [C.T.A.], 2004).
(15) A questão do montante da R. B. foi também motivo de controvérsia; não há dúvidas de que o mesmo deveria cobrir — em todos os casos — o valor da cesta básica de subsistência que marca o limite da linha de indigência; mas o cabal cumprimento de sua função "desmercantilizadora" do trabalho imporia ir mais além do mero objetivo de eliminar a pobreza (ou a indigência). Como afirma Noguera: "Mas se a R.B. há de ser um instrumento de 'liberdade real para todos' e de transformação social em um sentido igualitarista, é necessário ir mais além" (cf. NOGUERA, art. cit.). Encarregando-se, inclusive, das dificuldades de financiamento (e, assim o entendo, também políticas) de implantação em curto prazo de uma R. B., Mercader Prats propugnou principiar por uma R. B. parcial, de montante modesto, a ser incrementada progressivamente, afirmando: "Entende-se por tal 'uma renda modesta, mas suficiente para cobrir as necessidades básicas da vida, a pagar a cada membro da sociedade como um direito, financiada através de impostos ou por outros meios e não sujeita a outra condição que não a de cidadania ou residência'. Trata-se de um pagamento universal, individual e de quantia suficiente que cada indivíduo receberia comprovando a cidadania ou a residência..." (PRATS, Magda Mercader. *A aritmética de una renta básica parcial para España:* una evaluación con EspaSim. Disponível em: <www.nodo50.org> Acesso em: 11.2003).

VII. Conclusões

As indagações efetuadas nos parágrafos precedentes só pretendem indicar as questões fundamentais debatidas em torno da R. B., mas não deveriam necessariamente formar parte do texto literal da cláusula constitucional projetada (de fato foram omitidas muitas delas); é que um excessivo casuísmo ou detalhismo da norma conspiraria com a necessária flexibilidade que se considera que deveria ter a cláusula, já que, em caso contrário, corre-se o risco de algemar o legislador na hora da eleição do modelo adequado às complexidades concretas a levar em conta para sua efetiva implementação. Entretanto, é certo também que uma cláusula constitucional excessivamente aberta deixaria o caminho livre para seu provável esvaziamento ou desnaturalização legislativa, com a consequente não aplicação prática da proposta.

A viabilidade regional da proposta encontra-se, ademais, sujeita ao necessário fortalecimento das democracias latino-americanas, ao rol ativo que deverão adotar as políticas sociais de cada Estado (passando-se de um modelo assistencialista e de controle político a outro, fundado em direitos universais, incluindo neles os direitos econômicos — Martínez Cañibano, cit. Por Pinto Cañón) e à introdução de qualidade institucional na gestão pública (especialmente na área impositiva e fiscal), requerendo-se uma política tributária claramente progressiva e uma política fiscal marcadamente redistributiva, assim como uma luta frontal contra a corrupção.

É que a imposição constitucional de uma R. B. de cidadania deve comportar uma modificação em profundidade dos atuais sistemas de proteção pública latino-americanos, o que requererá tomar medidas de fundo de caráter legal, fiscal, econômico-financeiro e de gestão que necessariamente deverão ser levadas em conta no momento de sua implementação. Na base, será essencial à acumulação de um poder político muito forte para enfrentar as inevitáveis resistências do poder econômico nacional e transnacional (segurado pelos centros financeiros e políticos mundiais), resultante de uma proposta que mina as bases do modelo de acumulação capitalista, que requer — entre outras bases materiais — contar com um custo da mão de obra baixo e com normas trabalhistas flexíveis que garantam ao capital sua reprodução. É que, sem mão de obra disponível para ser vendida a baixo preço (o que hoje está garantido em nível global por economias de países-fábrica como Índia, China, os denominados "Tigres Asiáticos", México, Haiti, Honduras etc.) que trabalhe em "fábricas sujas" (Klein), o sistema iria pelos ares.

Do que não há dúvidas é da necessidade ética de instaurar constitucionalmente a R. B. a fim de garantir o direito a seu gozo como um direito de tradição constitucional, que não possa ficar à mercê da discricionariedade do governo ou funcionários da vez.

11. Direito à Efetiva Proteção da Saúde e da Vida do Trabalhador Diante dos Riscos do Trabalho. A Gestão do Sistema de Prevenção e Reparação dos Danos Causados pelos Acidentes de Trabalho Não Poderá Estar em Mãos de Operadores Privados que Atuem com Fins Lucrativos

O "Imposto de Sangue"

Luis Enrique Ramírez

Segundo a Organização Internacional do Trabalho (OIT), em cada ano, no mundo, mais de 270 milhões de trabalhadores sofrem acidentes de trabalho, enquanto que aproximadamente 160 milhões contraem doenças profissionais. Deles, mais de 2 milhões perdem sua vida, de maneira tal que o trabalho assalariado mata quase 5.500 pessoas por dia. E, acrescenta o informe, os dados são parciais e estão por debaixo da realidade, já que não há estatísticas dos sinistros ocorridos entre os trabalhadores do setor informal da economia.

Para ter uma ideia da magnitude deste verdadeiro massacre que sofrem os trabalhadores, há que se ter em conta que as mortes causadas pelo trabalho subordinado superam com folga as originadas em acidentes de trânsito (1.000.000), guerras (500.000), fatos de violência (563.000) e AIDS (312.000). Outro dado alarmante é que do total de trabalhadores mortos anualmente em sinistros laborais, 12.000 são crianças que trabalham em condições perigosas.

Este cânone que pagam os trabalhadores para poder obter os meios econômicos para sua subsistência e a de suas famílias é um autêntico "imposto de sangue" que desnuda os flagelos e misérias do sistema social e econômico em que vivem.

Se projetamos estes números a todos os anos de vigência do sistema capitalista, poderemos afirmar que estamos na presença de um verdadeiro genocídio da classe trabalhadora. Há que recordar que se tipificou esta figura como a "submissão intencional do grupo a condições de existência que hajam de acarretar sua destruição física, total ou parcial" (Corte Penal Internacional, Estatuto de Roma, 17.7.1998).

A imensa maioria dos sinistros laborais são evitáveis, reconhece a própria OIT, mas, nós acrescemos, não em um sistema que se apoia em valores perversos, que privilegia a defesa do lucro e a taxa de ganho, ao invés da saúde e da vida dos trabalhadores.

Se a ordem social vigente na maioria de nossos países divide os indivíduos entre aqueles que têm a titularidade dos meios de produção e os que só contam com sua capacidade de trabalho para subsistir, então só pode aspirar um mínimo de legitimação se garantidos a estes últimos o cuidado e a preservação de sua vida e sua saúde. Este "compromisso" dos setores sociais dominantes deve ter sido parte do "pacto social" que levou um grande setor do movimento sindical a renunciar a sua histórica pretensão de substituir o sistema capitalista. Pacto social que, ademais, deve ter incluído, necessariamente, o direito a um trabalho decente e a uma remuneração justa, já que só assim se pode explicar esta renúncia.

Mas a queda do muro de Berlim e o desaparecimento da União Soviética levaram a uma denúncia sem disfarce desse "pacto" por parte do capitalismo, o que permitiu conhecer seu verdadeiro rosto. O pensamento neoliberal passeia triunfante pelo mundo, impondo suas receitas econômicas e laborais. A internacionalização da economia transforma-se em globalização, que no mundo laboral se traduz em desregulação, flexibilização, precarização, competitividade, polivalência funcional, e demais palavras paridas pela matriz ideológica do neoliberalismo, que os trabalhadores conhecem mais por suas consequências que por seu significado literal.

O progresso tecnológico da humanidade não se reflete em uma diminuição dos sinistros laborais. Pelo contrário, há um elevado incremento à bússola das novas regras do jogo do capitalismo. Impõe-se um novo conceito de empresa, supostamente mais apta a adaptar-se às flutuações do mercado. Só conserva um núcleo de trabalhadores permanentes e externaliza muitas funções e tarefas. Na periferia desse núcleo, aparecem empresas contratadas e subcontratadas que fazem o "trabalho sujo" da flexibilização trabalhista e o barateamento da mão de obra, geralmente mediante procedimentos contrários à legalidade. Os trabalhadores entram e saem graças às empresas ou agências de serviços eventuais e aos contratos temporários, seguindo o fluxo e refluxo da demanda dos bens ou serviços que produz a empresa principal. Entre os trabalhadores que têm uma inserção precária na empresa a sinistralidade é elevadíssima. Sua capacitação implica um custo que os empregadores não estão dispostos a assumir.

A globalização também leva ao *dumping* social. Os capitais trasladam-se com assombrosa facilidade para aqueles países com menor custo laboral, fomentando entre os governos uma competência para ver quem é mais eficaz em reduzir os níveis de proteção que os trabalhadores desse país puderam conseguir. Busca-se desarticular toda a estrutura que tutela seus direitos, para melhorar a *competitividade* empresarial. É assim que se exportam os riscos a populações mais vulneráveis, de países nos quais não há maiores exigências em matéria ambiental e trabalhista, e de gestão da segurança e higiene no trabalho em particular. A própria OIT pôde comprovar que as empresas multinacionais observam muito mais a lei em temas de saúde e segurança na sede central que nas filiais localizadas nos países em desenvolvimento.

É por tudo isso que a Carta Sociolaboral Latino-americana, que a ALAL coloca à consideração do movimento sindical e dos governos da região, tem entre seus pontos principais a obrigação dos Estados de ditar uma legislação interna que consagre o direito "à efetiva proteção da saúde e da vida do trabalhador".

Isto significa que os Estados devem assumir o compromisso de legislar sobre os sinistros laborais, abordando a questão da prevenção desde uma perspectiva global e integrada. Tomando como exemplo o art. 15 da Lei de Prevenção de Riscos Laborais (LPRL) da Espanha, podemos sustentar que o dever geral de prevenção do empregador deveria se traduzir em:

a) evitar os riscos;

b) avaliar os riscos que não possam ser evitados;

c) combater os riscos em sua origem;

d) adaptar o trabalho à pessoa, em particular no que concerne à concepção dos postos de trabalho, assim como à eleição das equipes e dos métodos de trabalho e de produção, com vistas, em especial, a atenuar o trabalho monótono e repetitivo e a reduzir seus efeitos na saúde;

e) ter em conta a evolução da técnica;

f) substituir o perigoso por aquilo que envolva pouco ou nenhum perigo;

g) planejar a prevenção, buscando um conjunto coerente que integre nela a técnica, a organização do trabalho, as condições de trabalho, as relações sociais e a influência dos fatores ambientais no trabalho;

h) adotar medidas que anteponham a proteção coletiva à individual;

i) dar as devidas instruções aos trabalhadores;

j) informar obrigatoriamente aos trabalhadores sobre os riscos da tarefa que devem realizar, dos materiais ou ferramentas que devem utilizar e do ambiente laboral;

k) autorizar os trabalhadores a recusar-se a prestar tarefas em condições que impliquem um risco para sua saúde ou sua vida.

A legislação interna dos países que firmem a Carta Sociolaboral Latino-americana deveria também incriminar penalmente os atos ou as omissões dos empregadores que suponham um atentado contra a vida ou a saúde dos trabalhadores. Já dissemos que a imensa maioria dos sinistros laborais são evitáveis. Portanto, chamá-los "acidentes" constitui uma inaceitável concessão da linguagem. Sempre serão lesões ou homicídios culposos.

Os trabalhadores devem ter o direito e a obrigação de participar tanto no projeto do sistema de prevenção dos riscos do trabalho como em sua implementação em cada lugar de trabalho. Ninguém melhor que eles conhece quais são os riscos. Isto garantirá, ademais, o cumprimento das normas e procedimentos de prevenção. A capacitação permanente é necessária, mas insuficiente. O trabalhador deve participar ativamente em todas as questões relativas à segurança no trabalho, já que é o principal interessado.

Quando a prevenção tenha fracassado e o sinistro mesmo assim tenha sido produzido, a legislação interna de cada país deveria estabelecer um sistema de reparação integral dos danos sofridos pelo trabalhador. Uma indenização que não seja integral não é justa.

Por último, em forma expressa o ponto 11 do projeto da Carta Sociolaboral Latino-americana estabelece que a gestão do sistema de prevenção e reparação dos riscos do trabalho "não poderá estar em mãos de operadores privados que atuem com fins lucrativos". A experiência em países da região nos quais se habilitaram seguradoras de riscos do trabalho como principais agentes do sistema foi nefasta.

O fim de lucro é absolutamente incompatível com a gestão dos subsistemas da Seguridade Social em geral, e com o de riscos do trabalho em particular. O operador privado tem um interesse contraditório com o da vítima de um sinistro laboral. Com o agravante de que o natural conflito que se apresenta entre ambos se resolve no marco de uma abismal diferença na correlação de forças.

O desafio de proporcionar segurança e saúde aos trabalhadores latino-americanos é hoje em dia maior que nunca. Na região mais desigual do planeta, reduzir e eliminar o "imposto de sangue" é uma necessidade imperiosa.

12. Direito à Organização Sindical Livre e Democrática

Liberdade Sindical e Representação dos Trabalhadores

Antonio Baylos

É patente a relação estreita entre liberdade sindical e negociação coletiva. A liberdade sindical constitui um elemento básico da civilização cultural dos direitos sociais e forma parte das chamadas "normas fundamentais" de validade universal tal como foram enunciadas pela Declaração da OIT de 1998. Como diz o professor Umberto Romagnoli, "a liberdade sindical é uma fórmula linguística que deve seu caráter universal à OIT", e desenvolve-se principalmente nas Convenções ns. 87 e 98 desta organização, sem esquecer outras muito importantes, como a Convenção n. 151, que desdobra estes princípios para as Administrações Públicas. Nessa qualidade, vem reconhecida em todas as cartas internacionais de direitos humanos, políticos e sociais, nas constituições das nações latino-americanas e, no outro continente, na própria Carta de direitos fundamentais dos cidadãos da União Europeia e nas constituições de seus Estados-membros.

A liberdade sindical inscreve-se em uma genérica liberdade de associação da qual constitui uma espécie muito significativa porque vai "mais além" desta. Implica a associação voluntária e permanente para a defesa dos interesses dos trabalhadores. Tem uma vertente individual, que se refere fundamentalmente à adesão dos trabalhadores individualmente considerados à organização sindical, aceitando seus estatutos e seu programa de ação, e à participação individual nas atividades sindicais. Tem também uma vertente coletiva, organizativa, que se refere ao conjunto de faculdades que correspondem ao sindicato como sujeito coletivo. É esta a dimensão que interessa analisar. Por meio dela, faz-se referência ao sindicato como sujeito que representa os trabalhadores para defender os interesses econômicos e sociais que lhes são próprios, para empregar a fórmula da Constituição espanhola. Para isso, arbitram-se meios típicos de ação sindical: a negociação coletiva, a greve, os instrumentos de informação e de consulta que formalizam o exercício do poder do empresário sobre as relações de trabalho e emprego.

O reconhecimento da liberdade sindical leva consigo a aceitação do pluralismo coletivo e a constatação, por consequência, de que as regras que se estabelecem para a ordenação das relações de trabalhadores e empresários a partir do processo de produção de bens e serviços, em um sistema de livre-iniciativa, são acordadas ou estabelecidas de forma autônoma pelos sujeitos que representam estes grupos sociais, mas por sua vez têm que ser reconhecidas pelo ordenamento jurídico, dando-lhes um caráter normativo ou garantindo sua real eficácia em um sistema jurídico. A autonomia coletiva é, portanto, um princípio político e democrático que não somente está relacionado com a noção de pluralismo social, mas com o conceito preciso de liberdade sindical coletiva.

O eixo da liberdade sindical coletiva é a noção de representação. A representação refere-se a um mecanismo de mediação para a ação coletiva. Mas nesta função é muito importante a presença do mediador. Há sempre um jogo com o verbo apresentar e (re)presentar[1]: quem representa para atuar em nome de, para atuar por outro(s), deve ter uma presença para tanto entre aqueles aos quais aspira representar como no conjunto da sociedade. A apresentação implica a atualidade dessa forma de representação, que se mostra como um fato de poder, uma afirmação de vontade e de força, de decisão, de potência e, por consequência, o mecanismo de representação só pode ser útil se é produzida uma apresentação do grupo ou do coletivo como fato de contrapoder diante do poder estabelecido, seja público ou privado.

A representação assim precisada como potência/presença conhece duas acepções no vocabulário da regulamentação jurídica. A civil, que atua no mundo dos negócios e da ação jurisdicional — esse atuar em nome de outro como representação privada —, e a política, ou seja, a representação que se refere ao conjunto de pessoas definidas por possuir a condição de cidadãos e que atua no âmbito da esfera pública configurando uma "vontade geral" sua por meio do mecanismo eleitoral e do sistema de partidos. Ambas noções podem reconduzir ao âmbito sindical de maneira que se reflitam em duas figuras do sindicato que se combinam no mesmo sujeito. De um lado, o sindicato como pura figura de representação contratual do interesse dos

---

(1) Nota da tradutora. No original, o jogo de palavras é entre preséntar e (re)presentar, possível apenas no espanhol, já que em português inexiste o verbo "presentar".

trabalhadores como grupo; de outro, o sindicato como representante do conjunto dos movimentos e das pessoas que conformam a maioria da sociedade, em um tipo de movimento de representação social ou representante da cidadania social.

A transposição destas noções sofre alterações no marco jurídico. Em primeiro lugar, porque a forma de indicar a presença do representante no âmbito de sua representação desloca-se dos indícios puramente associativos ou voluntários a mecanismos fixados normativamente pelo Estado como fórmulas de institucionalização da representação que comumente desembocam na noção de representatividade, mas que podem também projetar-se sobre os lugares de trabalho como uma representação institucional especializada dos trabalhadores na empresa (a representação unitária na empresa). Este é o caso dos chamados "modelos duais" de representação na empresa que se dão na Europa e, concretamente, no caso espanhol, onde ambas noções da representação, a civil e a política, fundem-se a partir do conceito jurídico de representatividade sindical. O sindicato representativo é uma associação voluntária de trabalhadores que aderem à organização, mas legitima-se e encontra faculdades de ação especialmente indicadas na lei mediante um mecanismo — o voto nos lugares de trabalho — que expressa a vontade de todos os trabalhadores e trabalhadoras independentemente de sua filiação ou não ao sindicato por si eleito.

A institucionalização do sindicato e sua função de regulador "geral" das condições de vida e de trabalho da classe operária não se confunde com a absorção do sindicato representativo pelo poder público nem permite intervenções restritivas sobre ele por parte da autoridade de governo. A autonomia da representação sindical tem que ser protegida tanto perante as agressões do poder privado como em relação às suas ingerências e violações por parte do poder público, muitas vezes atuando em comum acordo na eliminação de sindicatos combativos e representativos. A liberdade sindical é um direito cujo exercício obstaculiza-se com grande frequência, ou inclusive em ocasiões é causa de morte ou perseguição a quem os integra. Colocam-se em circulação opiniões e teorias que consideram nocivos os sindicatos ou, o que é pior, supérfluos. Entretanto, a construção de um espaço de atuação amplo para os sindicatos em cada Estado nacional, sua garantia legal e judicial, a cobertura internacional das faculdades de ação destas organizações, em especial mediante a atuação da OIT, e a chamada de atenção mediante processos políticos que façam visíveis as vulnerações de liberdade sindical em um determinado país, como a que recentemente efetuou o Tribunal Internacional da Liberdade Sindical no México, são elementos constitutivos da democracia de qualquer país. A formulação destas figuras representativas no espaço supranacional da América ou Europa é uma necessidade a que se está atendendo progressivamente. Assim como não se pode falar com propriedade de um sistema democrático em um país determinado se não é respeitada a liberdade sindical, a globalização requer um movimento sindical que pense e atue nessa dimensão e que represente as possibilidades de emancipação dos trabalhadores do mundo.

A LIBERDADE SINDICAL COM ENFOQUE DEMOCRÁTICO

GUILLERMO GIANIBELLI

Dois valores ou princípios se apresentam como fundantes em boa parte dos sistemas jurídicos no momento de reconhecer a organização sindical: a liberdade, ou autonomia, e a democracia como referência de funcionamento interno, mas, ao mesmo tempo, como forma de organização política na qual o sindicato se consagra.

Sendo a representação sindical uma formação social gestada pela classe trabalhadora como principal instrumento de autotutela, em suas origens e em muitos períodos históricos reprimida ou limitada pelo Estado, o reconhecimento que dela fazem as constituições próprias do constitucionalismo social não altera aquele caráter autônomo e pré-estatal, ainda que proveja uma roupagem de legalidade e, com isto, de tutela para o desenvolvimento de seus fins.

No entanto, essa passagem de proibição para tolerância e, em seguida, de promoção, implica trazer certa institucionalização do sindicato dentro do sistema geral de funcionamento do Estado e da economia e, desse modo, uma consequente limitação da liberdade associativa e de ação.

Igualmente, a regulação estatal que propugna, propicia ou exige o componente democrático do sindicalismo importaria uma intervenção também estatal sobre a liberdade associativa, de raiz anterior ao assinalado reconhecimento que faz o sistema jurídico.

Ao redor destes eixos deve se situar, então, a análise e a conceitualização jurídica do sindicato.

A validação institucional não pode levar à estatização da organização sindical, como nos sistemas corporativos, mas tampouco a uma sobre-exigência reguladora que condicione a espontaneidade associativa, segundo as condições de cada momento e cada circunstância em que um coletivo laboral se expresse. A noção de "maior representação" ou da "representatividade" sindical deverá ser cuidadosamente examinada ao determinar possíveis preferências ou exclusões dos sujeitos, como veremos mais adiante.

Em atenção à exigência democrática, por sua vez, deverá se atender a similar preservação do princípio de autonomia e inseri-la em função dos fins que do sindicato se espera que desenvolva para uma maior democratização da sociedade.

Situando de novo a organização sindical no marco do constitucionalismo social, de presença preponderante na maior parte dos países americanos, é relevante o papel que ela está destinada a cumprir em prol de uma igualação substantiva, uma materialização dos direitos fundamentais, particularmente trabalhistas, e um desenvolvimento progressivo da justiça social.

Embora isto seja o que os textos constitucionais propõem, a realidade extrajurídica encarrega-se de mostrar uma deterioração do cumprimento e uma escassa garantia de tais direitos, o que justifica ainda mais o rol protagonista do sindicalismo como contrapoder dos poderes econômicos e do capital, na empresa, no ramo de atividades e na economia em geral.

A noção dos direitos de liberdade sindical como direitos instrumentais, "direitos para obter direitos", inscreve-se naquela lógica de atuação do Estado social de Direito, na qual o sindicato ativa democraticamente a tutela da classe trabalhadora e da melhora de suas condições de vida.

A Corte Interamericana de Direitos Humanos ressaltou as "duas inseparáveis dimensões" do direito de associação: individual e social. Em matéria laboral, assim como a dimensão individual não se esgota com "o reconhecimento teórico" do direito a formar sindicatos mas que compreende, inseparavelmente, o direito a "utilizar qualquer meio apropriado para exercer essa liberdade"; em sua dimensão social é "um meio que permite aos integrantes de um grupo ou coletividade laboral alcançar determinados fins èm conjunto e deles se beneficiar" (caso "Huilca Tecse").

Sobre estas considerações, haverá que se observar o suporte normativo de fonte internacional que, como veremos, estabelece uma formidável estrutura de legitimação da liberdade sindical e do sindicato como seu artífice.

O trabalho normativo da Organização Internacional do Trabalho, neste aspecto, foi, desde suas origens, considerar a liberdade sindical como "instrumento necessário para a paz e harmonia universais", pelo que, ao estabelecer as Convenções ns. 87 e 98 determinou um tipo de norma universal da liberdade sindical, particularmente pela adoção do primeiro deles pelos dois Pactos Internacionais aprovados pelas Nações Unidas, o de Direitos Econômicos, Sociais e Culturais, e o de Direitos Civis e Políticos, em 1966.

Posteriormente, acentuando o caráter de norma universal, a liberdade sindical fica incorporada como um dos Princípios e Direitos Fundamentais no Trabalho, na Declaração da OIT de 1998.

A consideração em tais instrumentos da liberdade sindical como direito fundamental e a influência que eles — e outras normas de direitos humanos como a

Declaração Americana de Direitos e Deveres do Homem, a Convenção Americana de Direitos Humanos (Pacto de San José da Costa Rica), o Protocolo Adicional a esta Convenção em matéria de Direitos Econômicos, Sociais e Culturais (Protocolo de San Salvador) e a Declaração Sociolaboral do Mercosur — têm nos ordenamentos nacionais, e a aplicação que deles fazem os tribunais locais, deveriam ser suficiente mecanismo de proteção.

No entanto, a *práxis* latino-americana está carregada de violações graves, em alguns casos sistemáticas, nos distintos planos em que se estende o direito fundamental da liberdade sindical.

Em primeiro lugar, e seguindo o texto da Convenção n. 87, deverá se respeitar o direito dos trabalhadores "sem nenhuma distinção e sem autorização prévia" de constituir as organizações que "considerem convenientes", e o consequente direito de filiar-se a elas. Enquanto estes direitos inscrevem-se na lógica de direitos-garantia, ou como alguns autores o denotam, como "poderes", acompanham-se de "adequada proteção contra todo ato de discriminação tendente a menoscabar a liberdade sindical" de todo trabalhador em relação a seu emprego, seja porque sujeite-se a ele a condição de não se filiar ou deixar de ser membro de um sindicato, seja porque seja dispensado ou prejudicado de qualquer forma por sua filiação ou participação em atividades sindicais (Convenção n. 98).

De sua parte, são direitos das organizações sindicais os de organizar-se livremente, redigindo seus estatutos, delineando seu plano de ação e elegendo seus representantes, e os de constituir ou filiar-se a outras entidades, para o que se provê também de "adequada proteção" contra todo ato de ingerência por parte de empregadores ou dos poderes públicos em sua constituição, funcionamento ou administração.

Completam-se os conteúdos da liberdade sindical, na norma internacional do trabalho, com a proibição de dissolução por via administrativa e, no direito americano, com o direito dos trabalhadores de não filiação, a denominada liberdade sindical individual negativa.

Interessa destacar que a liberdade sindical será efetiva enquanto dela desprenda-se a ação coletiva autônoma dos sindicatos e trabalhadores, o que naturalmente se expressará no exercício da greve e da negociação coletiva, ambos institutos caracterizados historicamente em nossos países por um forte intervencionismo estatal, de natureza repressiva ou limitadora de seu exercício.

Mas, sobretudo, e também considerando o escasso desenvolvimento do direito à estabilidade no emprego, é imprescindível acompanhar o exercício destes direitos com o de não discriminação. A este respeito, o Comitê de Liberdade Sindical da OIT, intérprete das normas internacionais do trabalho neste aspecto, observou reiteradamente que naqueles casos em que a legislação nacional permita a dispensa injustificada sob a condição do pagamento de uma indenização, não se outorga proteção suficiente quando o motivo real seja a filiação a um sindicato ou sua atividade sindical, pelo que, nestes casos, deverá se garantir efetivamente o direito mediante a reintegração em seu posto de trabalho. Assim reconheceu também a Corte Interamericana dos Direitos Humanos no caso "Baena".

Voltando, então, sobre os dois princípios fundantes indicados ao início, é preciso inscrevê-los agora no repertório dos direitos descritos e valorá-los em atenção ao principal objetivo da organização sindical: sua eficácia.

Com efeito, se o sindicato é um meio para incidir na luta antagônica presente nas relações sociais de produção, em suas conquistas em defesa de seus membros está em jogo sua própria existência.

Numerosos países de economias desenvolvidas antes, e suas projeções para outros depois, como uma forma de promoção do sindicato e sua incorporação a um sistema de governo da economia ou, também, como uma forma de controle e disciplina, estatuíram métodos de "seleção" de determinados sindicatos sobre outros mediante diversas técnicas que adotaram o nome de "maior representação". Esta heterorregulação sindical constitui, na prática, um severo efetivo discriminador que deverá ser cotejado com os princípios anteriormente descritos. A respeito, deve se recordar que, para a Comissão de Peritos em aplicação de Convenções e Recomendações da OIT, esta distinção entre sindicatos mais representativos e os que não são, não deveria dar mais direitos que a prioridade em matéria de representação nas negociações coletivas, a consulta com os governos ou a designação dos delegados perante organismos internacionais.

De sua parte, o componente democrático deveria favorecer a efetividade da ação, enquanto a participação é o principal resseguro para o compromisso e fortalecimento dos integrantes do sindicato e daqueles que secundam suas medidas, por exemplo, a greve. O exercício democrático "para dentro", na livre eleição dos representantes, e "para fora" na deliberação da assembleia para a tomada de decisões, justifica, em termos de inserção social do sindicato, a ênfase posta pelas normas em sua consideração.

Em ambos os casos, seja pelas projeções de um sistema de "maior representatividade" tendencioso, excessivo ou monopólico, seja pela afetação do princípio democrático especialmente no plano deliberativo, podem ficar afetadas as condições de presença e eficácia da representação sindical no lugar mais característico e central em que se desenvolve a contradição: o lugar de trabalho.

Os déficits de representação sindical na empresa e as dificuldades para o desenvolvimento da ação sindical nos estabelecimentos, uma constante também de nossos países latino-americanos, são significativos do quanto ainda resta esperar de um desenvolvimento efetivo, cotidiano e permanente dos direitos de liberdade sindical em chave democrática.

13. Direito à Negociação Coletiva, Nacional e Transnacional

Negociação Coletiva: um Sistema Original e Transformador

Mauricio César Arese

I. Uma originalidade do Direito do Trabalho

Desde a discussão do simples respeito pelas condições de trabalho em um atelier ou uma fazenda, entre um grupo de trabalhadores ou um sindicato e seu empregador, até a complexa formação de uma convenção da OIT por parte de empregadores, sindicatos e governos em nível mundial; desde um acordo coletivo de seção até um pacto de normas de trabalho nacional ou internacional; desde o tratado sobre um contrato coletivo de umas poucas cláusulas até um verdadeiro estatuto; desde retoques em assuntos de interesse comum até a legislação organizada; desde as tratativas sobre o reconhecimento da ordem pública trabalhista legal mínima até a disputa, a recuperação ou a transferência do controle da empresa pelos trabalhadores, em todos estes curtos ou longos, simples ou complexos percursos, há substância de negociação coletiva.

No exercício destes direitos coletivos, reproduz-se com intensidade uma instituição fundamental no Direito do Trabalho. Certamente, a negociação coletiva, integrada indissolúvel e geneticamente ao direito de sindicalização e seu atributo, o de ação gremial e o direito de greve, constitui o elemento essencial para a construção da ordem jurídica de proteção e de liberação do trabalho subordinado.

Historicamente, a organização sindical, o conflito e a negociação coletiva foram os motores da declaração de independência do Direito do Trabalho em relação aos códigos civis. As trações opostas que provoca a relação de subordinação trabalhista encontram na negociação coletiva uma força transformadora e libertadora. Com efeito, a sujeição em relação de subordinação impede que o trabalhador possa, por si próprio e de forma individual, reverter as relações de forças na empresa. O Direito Individual do Trabalho veio a compensá-lo, a procurar seu reequilíbrio relacional. Esta é a operação tradicional e pioneira do Direito do Trabalho no marco de todo o direito. Mas essa ideia perdeu exclusividade porque também o direito todo tornou-se ou está sendo instado a ser "protetor" do mais fraco, como ocorre no direito ambiental, dos consumidores, ou das relações civis desequilibradas.

No conjunto do direito, o coletivo trabalhista estampou sua marca distintiva ao proteger a conformação de sujeitos coletivos (o sindicato); compreender como direito as vias de fato (a greve), e assegurar-lhe um rol defensivo e gerador de direito; dar capacidade a seus órgãos coletivos para converter-se, autonomamente, em legisladores mediante o processo de negociação e de produção de uma instituição única, típica e muito especial, que é, em seu nível mais básico, a convenção coletiva. Isto é, outorgar aos trabalhadores o rol de legisladores e, por sua vez, criar sistemas próprios com capacidade para se tornarem autônomos. Essa é a prevalência e personalidade jurídica diferente, do coletivo, no Direito do Trabalho.

II. Sentido ampliado da negociação coletiva

Tradicionalmente, identifica-se a negociação coletiva com sua manifestação mais típica, a convenção coletiva de trabalho, ou seja, todo acordo escrito relativo às condições de trabalho e de emprego celebrado entre um empregador, um grupo de empregadores ou uma ou várias organizações de empregadores, por uma parte e, por outra, uma ou várias organizações representativas de trabalhadores ou, em sua ausência, representantes dos trabalhadores interessados, devidamente eleitos e autorizados por estes últimos de acordo com a legislação nacional (Recomendação n. 91 da OIT)[1].

No entanto, a negociação coletiva é uma expressão polissêmica e carregada de possibilidades, que incluem contatos, consultas, intercâmbios de pontos de vista, e o acordo, formal ou informal, entre empregadores e trabalhadores organizados em forma coletiva. Essas relações compreendem temas de emprego, condições de trabalho e as relações entre as partes, no âmbito empresarial ou um nível superior, incluído o internacional, em forma bipartite e as negociações tripartites com partici-

---

(1) Nota da tradutora. Observar que tal definição não distingue, como no direito brasileiro, as convenções coletivas de trabalho dos acordos coletivos de trabalho.

pação do Estado, que costumam tomar a forma de pactos nacionais e leis negociadas. De fato, uma análise genética das normas heterônomas de trabalho denuncia, em maior ou menor dose, a existência de substâncias de negociação coletiva direta ou indireta, como reativo positivo ou negativo.

Os sujeitos coletivos trabalhistas são também componentes estruturais dos órgãos multilaterais de consulta e acordos, como os conselhos econômicos sociais. As convenções, tratados e acordos trabalhistas internacionais têm morfologia de negociação coletiva tripartite, ao menos uma alta intensidade de debate e consulta que se aproxima ou participa diretamente da negociação coletiva.

De outro lado, não podem tampouco ser excluídos do conceito de negociação coletiva os produtos normativos assistemáticos derivados dos conflitos coletivos nos quais intervém a representação sindical. Também devem ingressar dentro da ideia de negociação coletiva, especialmente no âmbito das empresas, as relações trabalhistas que geram cotidianamente instrumentos normativos, como os acordos e convenções coletivas comuns, os usos e costumes e as práxis coletivas de empresa que incidem e se incorporam aos contratos individuais de trabalho.

Em síntese, impõe-se um conceito amplo, dinâmico e polimorfo de negociação coletiva, abrangente da diversidade de instâncias de pactuação bipartite e tripartite, tanto supranacional como nacional, centralizadas e descentralizadas, nas quais se geram acordos destinados a regular aspectos que têm a ver com as condições de vida, trabalho e emprego.

III. PLURALIDADE DE FONTES

1. SISTEMA DA OIT

A negociação coletiva tem caráter de princípio fundamental, porque aparece consagrada com este atributo pela Declaração de Princípios e Direitos Fundamentais da OIT, produzida em 1998. De tal forma, independentemente da ratificação, os países-membros da organização estão obrigados a garantir a negociação coletiva por meio das convenções sobre liberdade sindical e a proteção do direito de sindicalização (Convenção n. 87), e sobre o direito de sindicalização e negociação coletiva de 1949 (Convenção n. 98). O sistema da OIT não se esgota, obviamente, nestes dois instrumentos, porque também se referem a este instituto a Constituição da OIT (1919), a Declaração da Filadélfia (1944) e as Convenções ns. 154/1981 sobre o fomento da negociação coletiva, 151/1978 sobre as relações de trabalho na administração pública e 135/1971 sobre proteção e facilidades que devem ser outorgadas aos representantes dos trabalhadores. A Comissão de Peritos em Aplicação de Convenções e Recomendações (CEACR) e o Comitê de Liberdade Sindical desenvolveram uma fluida interpretação autêntica desses instrumentos, influenciando fortemente na política interna e na jurisprudência nacional diante de casos de alteração dos atributos da negociação coletiva.

2. Sistema mundial

De outro lado, o sistema da ONU contém a consagração do direito de liberdade sindical e, implicitamente, a negociação coletiva na Declaração Universal de Direitos Humanos, o que se reitera no Pacto Internacional de Direitos Civis e Políticos. O Pacto Internacional de Direitos Econômicos, Sociais e Culturais amplia essa referência ao remeter à Convenção da Organização Internacional do Trabalho de 1948, relativa à liberdade sindical e à proteção do direito de sindicalização obrigando os Estados a não adotar medidas legislativas que menoscabem as garantias previstas em tal convenção ou a aplicar a lei em forma que menoscabe tais garantias (art. 8º *in fine*). Nestes casos, os comitês de direitos humanos e de direitos econômicos e sociais constituem organismos de controle, nem sempre transitados pelas organizações sindicais.

3. Sistema americano

No âmbito americano, a Declaração Americana dos Direitos e Deveres do Homem[1], a Convenção Americana sobre Direitos Humanos[2] e seu protocolo adicional de San Salvador[3], garantem a liberdade sindical cuja proteção óbvia é o direito à negociação coletiva. No caso em que estes direitos sejam desconhecidos ou retalhados, podem ser submetidos à Comissão Interamericana de Direitos Humanos e à Corte Interamericana de Direitos Humanos. Isso ocorreu concretamente no caso "Baena", no qual o Estado do Panamá foi condenado por violar a liberdade sindical dos trabalhadores, dispensados por praticar a greve para sustentar seus direitos[4].

4. Sistemas regionais e bilaterais

Finalmente, os acordos regionais avançaram sobre o reconhecimento da negociação coletiva como o do Mercosul por intermédio da Declaração Sociolaboral do Mercosul, na qual se recebem os direitos coletivos[5], ainda que sua exequibilidade

---

(1) "Toda pessoa tem o direito de associar-se com outras para promover, exercer e proteger seus interesses legítimos de ordem política, econômica, religiosa, social, cultural, profissional, sindical ou de qualquer outra ordem." (art. 22)

(2) "1. Todas as pessoas têm direito a associar-se livremente com fins ideológicos, religiosos, políticos, econômicos, trabalhistas, sociais, culturais, desportivos ou de qualquer outra índole..." (art. 16)

(3) "8. Direitos sindicais. 1. Os Estados-parte garantirão: a) o direito dos trabalhadores de organizar seus sindicatos e de filiar-se ao de sua eleição, para a proteção e promoção de seus interesses. Como projeção deste direito, os Estados-parte permitirão aos sindicatos formar federações e confederações nacionais e associar-se às já existentes, assim como formar organizações sindicais internacionais e associar-se à de sua eleição. Os Estados-parte também permitirão que os sindicatos, federações e confederações funcionem livremente; b) o direito à greve..."

(4) Caso "Baena, Ricardo e outros (270 trabalhadores) vs. Panamá", sentença de 2.2.2001.

(5) Liberdade de associação (art. 8º); liberdade sindical (art. 9º); negociação coletiva (art. 10); greve; promoção e desenvolvimento de procedimentos preventivos e de autocomposição de conflitos (art. 12),

ainda seja incompleta⁽⁶⁾. A esperança está colocada também em que a Unasur assuma o rol social que a maioria dos governos da América do Sul anunciam.

A negociação coletiva bilateral entre Estados e atores sociais nos apresentou finalmente um desenvolvimento importante sem negligenciar os esforços particulares.

IV. Princípios essenciais da negociação coletiva

De forma explícita ou imanente ao sistema de normas superiores que imperam sobre a instituição, a negociação coletiva reconhece um quinteto de princípios essenciais, a saber:

1. Princípio da boa-fé na negociação

A Convenção OIT n. 154 não o recepciona expressamente, mas nos trabalhos preparatórios indicou-se que "a negociação coletiva somente poderia funcionar eficazmente se dirigida com absoluta boa fé pelas duas partes", e insistiu no fato de que "a boa-fé não se impõe por lei, e que poderia unicamente obter-se dos esforços voluntários e continuados das duas partes". Inclui o direito de informação (Recomendação n. 163 da OIT), e a possibilidade de exigir das partes medidas efetivas para assegurar a negociação efetiva.

2. Princípio de negociação livre e voluntária ou autonomia coletiva

O princípio da negociação livre e voluntária foi recepcionado expressamente no mencionado art. 4º da Convenção n. 98 da OIT, e constitui um aspecto fundamental dos princípios da liberdade sindical. Igualmente, foi considerado como fundamento da Convenção n. 154 por parte da Conferência Internacional do Trabalho. Inclui a liberdade para decidir o nível da negociação (Recomendação n. 163 da OIT) e o estabelecimento de procedimentos voluntários destinados a facilitar a negociação (Recomendação n. 92, sobre a conciliação e a arbitragem voluntárias).

3. Princípio da continuidade

Os sistemas de negociação coletiva têm sentido cabais, na medida em que constituem um meio e recurso normal e sucessivo de trato entre as partes. É também

---

e diálogo social (art. 13). Também se estabelecem os direitos ao fomento do emprego (art. 14), proteção aos desempregados e formação profissional.

(6) Tal como o Mercosul, o Acordo Laboral Paralelo ao Tratado de Livre Comércio da América do Norte, subscrito pelo Canadá, México e Estados Unidos de setembro de 1993, enuncia onze princípios trabalhistas entre os quais se encontra a liberdade de associação, proteção do direito de organizar-se e o direito à negociação coletiva e o direito de greve. Ambos carecem de órgãos efetivos de execução destas garantias.

de sua própria natureza renovar-se permanentemente, mas também a chave de sua existência. Se é alterada esta regra do jogo (por exemplo, suspendendo ou suprimindo a livre negociação), derruba-se esta natureza essencial do sistema ou, ao menos, gera-se alta desconfiança de suas possibilidades. A continuidade de funcionamento outorga eficácia normativa e durabilidade temporal às normas pactuadas e assegura seu permanente exame.

4. Princípio da democracia e participação

Embora por si a negociação coletiva seja democrática ou não, há que destacar que assegura laboral e socialmente uma distribuição de decisões e poderes democráticos. Em primeiro lugar, a atividade de pactuação social e legislação negociada permite a incidência dos atores sociais no próprio âmbito da legislação heterônoma. Em segundo lugar, permite que os trabalhadores intervenham nas decisões industriais. Em terceiro lugar, habilita que trabalhadores e empresários intervenham democraticamente na geração das regras de relação.

5. Princípio da norma mais favorável ou progressividade coletivas

A negociação coletiva é de caráter acumulativo, suplementar e progressivo no que diz respeito às regras gerais de ordem pública trabalhista, mesmo nas condições de crises. As regras de convenções coletivas que pretendam fixar condições menos favoráveis em relação à lei, são antinaturais. Em última análise, a direção normativa da negociação coletiva é a melhora ou progressividade de suas normas aceita pelo PIDESC e pelo Protocolo de San Salvador da CADDHH, e a exceção a esta tendência, e portanto de observação restritiva e excepcional, constitui a derrogação ou revisão que faz perder a perfeição.

V. Condições do sistema de negociação coletiva

Como direito humano essencial, o desenvolvimento da negociação coletiva necessita um marco nacional próprio. É então obrigação dos Estados assegurar sua efetiva realização mediante ações positivas e negativas. A eficácia real, direta e completa reguladora da convenção coletiva requer um contexto ou ambiente de existência e desenvolvimento.

Crise, rupturas institucionais, desocupação e irregularidade de registro, intervencionismo estatal etc., contam-se entre os fatores desmobilizadores ou congelantes da atividade convencional. Como sistema de geração de normas profissionais, a negociação coletiva requer condições básicas para o desdobramento total de suas possibilidades. Sinteticamente, podem ser enunciados ao menos seis pressupostos básicos:

1. Plena vigência das instituições e liberdades democráticas;

2. liberdade sindical;

3. possibilidade de desenvolvimento do conflito trabalhista;

4. existência de uma ordem pública trabalhista mínima garantida;

5. aceitável nível de emprego e de registro trabalhista;

6. impulso aos processos de integração e respeito pelos organismos supranacionais.

VI. Os propósitos da negociação coletiva

Como se disse, a negociação coletiva é uma instituição que regenera de forma permanente e, portanto, todo intento de definir de maneira estável seus objetivos será provisória. Com estas prevenções, vão alguns pontos na forma de enunciados.

1. Prevenção e resolução do conflito

Como se disse, o conflito laboral contém magma de lei, porque ninguém aprecia a controvérsia como forma de vida mas como meio de paz. A negociação coletiva e o pacto coletivo são os meios ao alcance dos sujeitos sociais para estes propósitos. Certamente, contribui para a consolidação do sistema social imperante, mas, em muitas ocasiões, em troca de um reequilíbrio na distribuição de renda dos trabalhadores e da melhora de suas condições de trabalho.

2. Geração normativa e proteção

Junto com a legislação estática, a negociação coletiva apresenta-se como o âmbito natural da geração de regras de proteção e avanço social no plano das relações sociais. Neste nível de funções ingressa a geração normativa para os contratos individuais de trabalho, como objeto primário e essencial da negociação coletiva.

Em outro plano, a negociação coletiva sustenta, completa, amplia e até protege o próprio sistema de relações de trabalho, porque é um meio apropriado para enfrentar as mudanças, as crises, adaptar, completar e melhorar o direito estático e garantir a criação normativa inclusive em etapas em que o poder legislativo comum introduz mudanças regressivas ou desprotetoras.

3. Administração e gestão das relações de trabalho

A negociação coletiva transcende o episódico para instalar-se como um sistema permanente de administração das relações de trabalho. São instrumentos de tais funções, as comissões paritárias, de formação profissional, de condições e meio ambiente de trabalho etc. Pode igualmente atender e resolver autonomamente os conflitos coletivos e individuais.

4. Planejamento

A implantação de regras de trabalho e relações laborais comuns para um ramo ou atividade, um grupo de empresas e uma empresa, implica completar um componente se não essencial ao menos determinante da atividade econômica. O planejamento econômico geral depende das variáveis salariais e seu impacto na economia em geral. Daí a permanente atenção que se presta à negociação coletiva, mediante as tentativas de controles e limitações diretas ou mediante sua promoção como instrumento redistributivo e de incentivo ao consumo. Por último, todo plano de desenvolvimento econômico e social tem na negociação coletiva, especialmente em nível macro ou intersetorial, uma ferramenta fundamental e suporte do Estado social de Direito.

5. Integração supranacional

A negociação coletiva supranacional, em suas expressões bilaterais e trilaterais, tem um papel integrador e nivelador normativo laboral, o que é também uma colaboração do Direito do Trabalho para a paz social mundial e regional. A negociação coletiva contribui para o desenvolvimento humano evitando o *dumping* social ou a discriminação e favorece o comércio mundial sob o conceito de *trabalho decente* que impulsiona a OIT.

Em outro plano, favorece o conhecimento de experiências trabalhistas comparadas, a solidariedade internacional e o intercâmbio cultural.

6. Participação, cogestão, democratização e transformação

A negociação coletiva deixou, faz tempo, de lado seu rol meramente reivindicativo, acumulativo, polêmico. Ou seja, o papel clássico e periódico de discussão sobre a repartição de lucros e de melhoramento permanente das condições de trabalho.

Há tempos que se exige um grau de compromisso nos destinos do ramo ou da empresa. O direito à informação implica para os negociadores sindicais um mecanismo importante de conhecimento a fim de tomar decisões, mas ao mesmo tempo de participação. A negociação coletiva significa que os atores assumem papéis de gestão inclusive nas situações de crise, neste caso de grande risco para a respeitabilidade perante as bases no caso do sujeito sindical.

Mas nestas conjunturas também se apresentou uma oferta pública de venda do poder empresarial. Um exemplo é constituído pelas empresas de propriedade social ou "recuperadas" cujo controle foi assumido pelos trabalhadores para gerar espaços de economia social cooperativa. Em alguma época, os trabalhadores foram instados a transformar-se de "proletários a proprietários", mediante a aquisição de pacotes acionários cuja incidência no rumo empresarial é meramente especulativa. Em alguns casos, os sindicatos tomaram a sério este conselho e se propuseram estratégias de poder nas empresas, adquirindo-as em quebra, forçando sua liquidação para comprar o estabelecimento, negociando a transferência direta ou com a intervenção dos Estados.

Enfim, a negociação coletiva debilitou a unipolaridade do poder no mundo da empresa. O governo empresarial passa a ser de algum modo participado e compartilhado, com diversidade de ênfase. Em grau superlativo, a negociação coletiva pode incluir uma disputa direta e aberta de poder entre capital e trabalho e um palanque de transformação estrutural do sistema de produção e de relação no plano internacional.

VII. A REALIDADE LATINO-AMERICANA

Lamentavelmente, em nossos países a negociação coletiva teve, em geral, um desenvolvimento condicionado e excessivamente fragmentado. Governos de signo democrático ou autoritário a consideraram como um obstáculo para a aplicação de seus planos econômicos. A ideia que se quer impor é que há que se "compatibilizar" o funcionamento da negociação coletiva com as políticas de programação econômica que pretendem aplicar os governos.

Quando há um ator sindical forte, os setores sociais dominantes e o Estado normalmente impulsionam medidas para limitar a negociação coletiva, chegando em alguns casos a proibi-la. Mas quando existe um sindicalismo fraco, ou que subordina a ação gremial às práticas estatais, então busca-se "promovê-la" mas com a clara intenção de que seja a ferramenta para a flexibilização e desregulação trabalhista. Em outros casos, recorre-se diretamente à repressão da atividade sindical, como informam recorrentemente os órgãos de controle internacionais.

Na América Latina, a negociação coletiva é geralmente fracionada e fraca, e não se outorga aos sindicatos um lugar predominante na cena nacional. Tende-se a reduzi-la a um marco doméstico de empresa ou fazenda, que costuma debilitar o sindicato e evitar a solidariedade operária e a fortaleza do movimento dos trabalhadores de atividades e profissões afins. Não deve ficar espaço para a desregulação por via convencional, a chamada "disponibilidade coletiva", ou as formas travestidas de convenções coletivas, meios de ocultação com os quais se pretende a desapropriação dos direitos dos trabalhadores com a cumplicidade sindical.

É por isso que a Carta Sociolaboral Latino-americana deve reivindicar o direito à negociação coletiva livre, promovida e efetivamente protegida, e enquadrada nos princípios protetivo e de progressividade. Ao mesmo tempo, a negociação coletiva deve ser reconhecida como uma poderosa ferramenta de unidade e solidariedade operária, nacional e internacional, e de transformação social, que realmente aporte ao processo de redistribuição equitativa da riqueza, à transformação social e à democratização das relações trabalhistas. A empresa autocrática e autoritária deve ser erradicada definitivamente da América Latina.

UM EIXO CENTRAL DO
DIREITO COLETIVO DO TRABALHO

Hugo Barreto Ghione

O direito coletivo do trabalho conforma um tripé composto pela organização sindical, a negociação coletiva e o conflito.

Alguns autores agregam a esta caracterização a participação dos trabalhadores na empresa e os modos de solucionar os conflitos coletivos. A noção mais simplificada, de atribuir ao direito coletivo um apoio triplo, reúne maior consenso no âmbito da doutrina trabalhista e das normas nacionais e internacionais. Por fora desta esquematização, os distintos sistemas nacionais diferem fortemente, enquanto incidem em sua estruturação as tradições, a cultura e, fundamentalmente, os graus de intervencionismo e de autonomia sindical.

Assim, na América Latina existiu historicamente uma forte intervenção governamental e legislativa sobre estes pilares centrais do direito coletivo; uma intervenção que tece quase sempre um tom restritivo de liberdade sindical, e isso mediante limitações ao direito de greve, e a um formalismo excessivo em matéria de organização sindical e negociação coletiva.

Em muitos casos, a debilidade sindical ou a direta complacência com o poder político trabalharam em favor da regulamentação excessiva e a legitimaram desde o lado sindical.

A negociação coletiva configura um desses eixos centrais do direito coletivo do trabalho e, no momento, constitui um direito fundamental das pessoas e organizações, reconhecido, por exemplo, pela Declaração de Princípios e Direitos Fundamentais da OIT de 1998.

Junto com outros direitos humanos trabalhistas, faz parte do chamado "bloco de constitucionalidade".

As principais normas internacionais que recepcionam o direito à negociação coletiva são as Convenções Internacionais do Trabalho ns. 98 (art. 4º) e 154 (art.

2º). Como poderá ser apreciado, estamos na presença de duas normas fundamentais, dos chamados "direitos para obter direitos", enquanto constituem uma espécie de plataforma a partir da qual os trabalhadores podem operar e atuar para melhorar suas condições de trabalho e em participação desde uma posição de autonomia em relação aos empregadores e ao Estado.

As normas internacionais, no entanto, não se detêm no simples reconhecimento do direito, mas estabelecem a correlativa obrigação do Estado para a promoção e garantia deste direito.

No âmbito americano, devem-se destacar outras normas principalíssimas que reconhecem o direito à negociação coletiva, como são a Declaração Americana dos Direitos e Deveres do Homem (XXII), a Carta Internacional Americana de Garantias Sociais (art. 7º), a Carta da Organização dos Estados Americanos (art. 45) e a Declaração Sociolaboral do Mercosul (art. 10).

Por último, não deve deixar de anotar que o direito à negociação coletiva compreende o direito à informação, de modo que quem participa do processo de negociação tenha um cabal conhecimento das condições da empresa ou do setor de que se trate e possam negociar de boa-fé e com eficácia.

A este respeito, deve-se ter em conta as Recomendações ns. 163 e 113 da OIT, que reforçam os princípios e direitos relativos à informação, consulta e participação dos trabalhadores, assim como a importância que assume a formação para a negociação coletiva e a plêiade de responsabilidades que a esse respeito têm os atores sociais e o Estado.

Em síntese, a negociação coletiva comporta em si própria um direito fundamental dos trabalhadores por determinada concretização da sua participação no estabelecimento de suas condições de trabalho ("direito a obter direitos") e por constituir um exercício e um desenvolvimento da autonomia sindical, de maneira independente das estruturas heterônomas do direito montado pelo Estado e das intromissões dos empresários e suas organizações.

Por outra parte, para o exercício da negociação coletiva hão de ser reconhecidos também o direito à informação e à formação dos trabalhadores, sendo, ademais, um direito que deve ser promovido pelo Estado.

O processo de globalização do capital e da tecnologia impõe que os direitos humanos trabalhistas sejam também reconhecidos e garantidos universalmente, sem impor as restrições que significam as fronteiras dos ordenamentos jurídicos nacionais.

A negociação coletiva é um direito-chave para que os trabalhadores participem e orientem de acordo com seus interesses a governança global, e por isso é absolutamente natural e imprescindível que a negociação coletiva tenha uma dimensão transnacional que lhe permita ser um instrumento hábil para que o trabalho humano não fique à mercê das imposições do capital internacional agravando a hipossuficiência das pessoas e dos países.

14. Direito de Greve, Compreensivo das Diversas Formas de Pressão e Protesto, e sem Restrições Regulamentares que o Limitem ou Anulem

O Direito de Greve como Fundamento de um Direito do Trabalho Transformador

Francisco Iturraspe

I. Introdução

Para o Direito do Trabalho tradicional e para o "pensamento" econômico dominante nos meios de comunicação, a greve é um fenômeno incômodo, "disfuncional". Na realidade, trata-se de uma visão extremamente ideologizada e deformada da realidade: "A experiência histórica demonstra que não é possível a vida social sem conflitos das mais diversas classes e magnitudes e que os conflitos são gerados pelos interesses ou pontos de vista diferentes de seus protagonistas: os grupos sociais e os indivíduos[1].

O conflito, em todos os seus níveis e com seus diversos atores, é um instrumento fundamental de transformação social e o conflito trabalhista, um dos campos-chave

---

(1) VÁSQUEZ, Jorge Renón. Economía y conflicto social. *Trabajo y conflicto*. La Plata: EFT, 1999.

para o desenvolvimento das potencialidades dos trabalhadores como agentes de profundas mudanças sociais: "O momento atual das relações sociais, e uma correlação de forças que foi se construindo a partir da resistência às políticas neoliberais, permite observar uma natural conflitividade que se expressa, dentre outras formas, mediante o recurso à greve como característico 'direito para obter direitos". Os trabalhadores e suas organizações sindicais, embora atores protagonistas na construção democrática e na criação da riqueza, só contam com sua ação coletiva para aspirar a uma distribuição de rendas que satisfaça aquele componente democrático de nossa sociedade. Embora o reconhecimento normativo e a finalidade da greve não mereçam dúvidas, em muitos países, a atuação dos poderes públicos está ameaçando seu exercício[2].

II. Os meios de autodefesa

Krotoschin definia os meios de autodefesa como aqueles que as partes de um conflito coletivo, ou uma delas, empregam para fazer valer suas reclamações, ou a rejeição das pretensões do outro lado[3]. As partes — explica — invocam o direito de autodefesa (como na ordem jurídica geral invoca-se o direito de legítima defesa sem esperar ou confiar na intervenção dos órgãos competentes). O meio principal de autodefesa é a greve.

Na América Latina e no Caribe, a greve transcendeu os limites do conflito coletivo "gremial" na empresa, ou no ramo de produção, para converter-se — historicamente — em expressão das lutas políticas dos trabalhadores que, em muitos casos, perseguiram — e às vezes alcançaram — finalidades mais além dos objetivos meramente reivindicativos: casos emblemáticos são encontrados nas greves cubanas de 1935 e 1959; a de janeiro de 1958, na Venezuela, que desembocou na queda da ditadura no dia 23 desse mês; na greve argentina de outubro de 1945, fator fundamental da explosão popular do dia 17; as greves que precederam aos Rosariazos e Cordobazos em 1969; as greves gerais no Peru, Uruguai, Chile e México, para mencionar somente alguns países.

Os trabalhadores latino-americanos utilizaram a greve não somente como meio de autodefesa coletiva na luta por suas reivindicações, mas também como instrumento de autodefesa social, em especial no resguardo da democracia frente às ditaduras militares que assolaram nosso continente.

Estas greves "sociais", cujos testemunhos encontramos em todo o continente, têm seus antecedentes nas rebeliões anticoloniais e antiescravistas, nas insurreições indígenas mexicanas e andinas, nas cimarroneras, quilombos ou rochelas

---

(2) *Manifiesto de Caracas. La huelga es un derecho fundamental.* jan. 2006. Disponível em: <www.dialogolaboral.org.ve>.

(3) KROTOSCHIN, Ernesto. *Instituciones de derecho del trabajo.* 2. ed. Buenos Aires: Depalma, 1968. p. 669.

protagonizados pelos escravos em todos os nossos países, e constituem um patrimônio fundamental da luta social de nossos povos.

III. Greve e lock-out

A legislação comparada costuma colocar em um plano inteiramente distinto as parte quanto ao exercício desta autodefesa: na maioria dos casos, consagra-se — geralmente constitucionalmente na América Latina — o direito de greve, e se reconhece com muito menor entidade o *lock-out* ou fechamento patronal, ou até o proíbe expressamente, como o faz a legislação francesa.

Cremos que a autotutela ou autodefesa deve ser entendida dentro do esquema tuitivo do Direito do Trabalho, ou seja, como um instrumento fundamental para a proteção do trabalho, consagrada nas constituições e nos códigos e leis trabalhistas e, mais além, como um mecanismo-chave para o avanço dos trabalhadores na correlação das classes sociais e em sua consciência de classe.

Um dos aspectos realçados do Direito Coletivo do Trabalho é constituído pela ideia da autotutela, por parte dos trabalhadores, de seus direitos mediante sua organização e sua luta. A autotutela é um dos principais mecanismos dos quais dispõe o sistema jurídico trabalhista para tentar contrariar o notório desequilíbrio que na empresa e na sociedade significa a atual organização da produção das relações jurídicas e sociais em geral, que implicam em uma enorme concentração do poder, da informação e da riqueza, em mãos dos empregadores — dos proprietários dos meios de produção — e da tecnoburocracia das empresas do Estado, em comparação com as pessoas que trabalham para eles e que só dispõem de sua força de trabalho.

IV. Conflito, luta social e democracia

Este desequilíbrio leva consigo o germe do conflito. Francesco Carnelutti definia: "Conflito de trabalho é o contraste de interesses entre o que tem a força de trabalho e não tem capital, e o que tem o capital, mas não tem a força de trabalho"[4].

Um ordenamento jurídico democrático se caracteriza por admitir e canalizar o conflito, em termos gerais, e os conflitos do trabalho em particular, e por permitir, a quem tem essa posição subordinada na sociedade de "ter a força de trabalho e não ter capital", fazer valer ou defender seus interesses mediante o exercício do direito a interromper coletivamente seus trabalhos de diversas maneiras: a greve, que constitui um mecanismo de coação próprio, autorizado e tutelado pelo próprio Estado, dentro do esquema do Estado social de Direito.

---

(4) CARNELUTTI, Francesco. Diagnosis de la huelga. *La huelga*. Santa Fe: UnL, 1951. t. I, p. 5.

Esta articulação do conflito é, pois, um dos objetivos fundamentais do Direito do Trabalho que, desta forma, cumpre um duplo papel: "Ao mesmo tempo que instrumento de proteção das relações sociais capitalistas, cuja dominação legaliza e reproduz... limita a exploração da força de trabalho e garante importantes meios de defesa e luta para a classe trabalhadora, autotutela sem a qual os trabalhadores não podem cumprir diretamente a sua emancipação"[(5)].

Um Direito do Trabalho transformador exige aumentar este último aspecto da autotutela, para impugnar essa legalização e reprodução das relações sociais imperantes das quais fala Palomino, mediante o exercício da autodefesa pelos próprios trabalhadores, instrumento fundamental para o avanço de sua consciência social e para a construção de alternativas perante os modelos e modos de produção ideologicamente dominantes.

Em geral, nossas constituições — como destacamos — garantem esta autotutela, e o sistema jurídico-trabalhista a regula mediante normas estatais ou heterônomas e normas surgidas da autonomia coletiva e da autorregulação pelas próprias organizações trabalhistas. O desenvolvimento histórico permite uma maior ou menor, ou às vezes desgraçadamente nula, possibilidade de exercício destes direitos emblemáticos de uma sociedade aberta, democrática. E este desenvolvimento permite constatar a sinceridade da democracia das normas trabalhistas e do sistema político e social. Ajuda-nos, também, a entender o caráter e o papel do Estado em cada etapa do processo social.

É por isso que — como destacaremos mais adiante — além das declarações constitucionais é necessária a garantia da utilização dos meios de autodefesa coletiva e social para os trabalhadores como instrumento fundamental de mudança social que permita a transformação profunda das sociedades latino-americanas e caribenhas em direção à inclusão e à justiça social.

V. A GREVE COMO DIREITO FUNDAMENTAL[(6)]

Em 1947, um ano antes da Declaração Universal dos Direitos Humanos, foi sancionada no Rio de Janeiro a Carta Internacional Americana de Garantias Sociais, que garantia, em seu art. 27, o direito de greve, que já havia sido incorporado a muitas de nossas constituições, seguindo o caminho traçado pelos constituintes de Querétaro.

Dessa maneira, este direito fundamental adquiriu entre nós uma dimensão internacional, que se desenvolveu em diversos instrumentos americanos e, nos últimos anos, nas Cartas Sociais dos processos de integração como as do Mercosul e da CAN.

---

(5) PALOMEQUE, Carlos. *Derecho sindical español*. Madrid: Tecnos, 1989. p. 28.
(6) Ver *Manifiesto de Caracas*, cit.

Em atenção a esta normativa, "a greve é um dos meios legítimos fundamentais de que dispõem os trabalhadores e suas organizações para a promoção e defesa de seus interesses econômicos e sociais", e é a base jurídica que obriga os poderes públicos a dotar o exercício do direito de greve das mais amplas garantias para sua efetividade.

VI. TRAVAS AO EXERCÍCIO DO DIREITO CONSTITUCIONAL DE GREVE[7]

Apesar desta clara consagração, nas seis décadas de vigência desta Declaração, muitas ditaduras militares que assolaram nossos países, assim como muitos governos democráticos, empenham-se em impedir o exercício deste direito emblemático do desenvolvimento do Estado social de Direito e de Justiça e ainda de criminalizá-lo.

Com efeito, não se podem consentir atos da autoridade administrativa do trabalho tais como: aplicação sucessiva da conciliação obrigatória ou seu uso arbitrário, sanções pecuniárias aos sindicatos titulares do conflito, ameaças públicas de intervenção da entidade ou de cancelamento da personalidade gremial, incitação a que o empregador despeça trabalhadores em greve, declaração de ilegalidade das medidas no caso de autoridades locais, substituição do pessoal em greve etc. Isso não apenas lesiona a vigência do direito, como atua como pressão intimidatória aos trabalhadores e seus sindicatos, sendo funcional aos poderes empresariais, que, sobre tal base, pretendem justificar a dispensa de seus empregados.

Igualmente, é indispensável a derrogação das normas e práticas que desnaturam o direito de greve mediante a possibilidade da contratação de fura-greves (substituição do emprego do trabalhador em conflito), que impedem na prática o exercício deste direito.

Tampouco podem se justificar, e merecem uma particular referência carregada de preocupação, algumas atuações da jurisdição trabalhista de nossos países, quando se trata de tutelar os direitos coletivos. Isto nos interroga sobre sua consonância com o sistema constitucional ou com um passado que a sociedade se empenha para deixar para trás, e nos adverte sobre a independência do poder judiciário sobre a administração do Trabalho.

A culminação de tal processo restritivo da greve completa-se com o tantas vezes utilizado recurso da "criminalização" das formas de ação coletiva, para o que muitas vezes e em muitos âmbitos há apressados promotores ou juízes do foro criminal dispostos. Também há que destacar o retrocesso que significa a manutenção ou a sanção de tipos penais, que castigam o exercício do direito de greve.

É especialmente destacável a repressão do exercício da greve no setor público, no qual o Estado se abrocha, muitas vezes arbitrariamente, as funções de juiz e parte em detrimento dos direitos fundamentais de seus trabalhadores. Também é importante destacar, quanto aos serviços essenciais, que se é necessário garantir

---

(7) *Manifiesto de Caracas*, cit.

os direitos da comunidade, em sua fixação se deverá atender a critérios racionais e negociados, para evitar a propensão a fazer ineficaz o direito de greve por meio deste mecanismo.

Em suma, quando quem deve garantir os direitos se conjura para negá-los, é o momento em que o Estado de Direito entra em crise, e todos os sinais de alarme daqueles que, pelo contrário, empenharam-se em sustentá-lo, são poucos, perante os ensinamentos do passado em tal sentido.

VII. O DIREITO DE GREVE COMO FUNDAMENTO DE UM DIREITO DO TRABALHO TRANSFORMADOR

Os direitos e garantias estabelecidos na Carta Sociolaboral Latino-americana não serão consagrados pela ação paternalista do Estado, nem como uma dádiva dos setores dominantes em nossas sociedades: os atores fundamentais deste processo são os próprios trabalhadores, as organizações sindicais e sociais, que protagonizam diariamente as lutas populares e que devem conseguir uma ampla margem de alianças com todos os setores sociais que buscam mudanças profundas em todos os aspectos de nossa vida pessoal e social.

É nesta perspectiva dinâmica que é necessário garantir uma cultura de respeito pelas lutas populares e a autodefesa coletiva e social, como eixos da transformação profunda e de protagonismo das maiorias sociais do continente.

Não haverá um direito do trabalho e social transformador sem esse protagonismo popular, e sem o respeito pelos mecanismos de luta que, soberanamente, vão elegendo e exercendo democraticamente os setores populares.

Mas é fundamental, neste processo, o apoio mútuo nacional e internacional de todas as expressões de luta. Um dos aspectos que historicamente afetou mais seriamente as lutas populares, e as greves em particular, é seu relativo isolamento: por isso, é necessário o apoio mútuo entre as organizações e a conformação de uma densa rede de trabalhadores, advogados trabalhistas, lutadores populares etc., que sejam capazes de fornecer informações e apoio mútuos reais. Esta é uma das missões fundamentais que se propôs desde sua criação a Associação Latino-americana de Advogados Laboralistas, e na qual está trabalhando seriamente para consolidar no marco da discussão e do debate concreto da Carta Sociolaboral Latino-americana.

Esta é a ideia fundamental, que ratificamos, do Manifesto de Caracas, quando finaliza formulando a "convocatória para uma ação internacional sustentada e permanente para apoiar os trabalhadores em conflito e promover um Direito do Trabalho no qual a autodefesa dos trabalhadores constitua um dos pilares básicos do exercício da liberdade sindical e de um modelo de relações de trabalho conforme com os desafios da transformação de nossas sociedades".

15. Proteção Trabalhista Real e Efetiva para os Trabalhadores Ligados ao Serviço Doméstico e ao Trabalho Agrário

Dos Coletivos Trabalhistas Permanentemente Marginalizados

Álvaro Daniel Ruiz

I. Introdução

A busca de dotar de uma proteção trabalhista real e efetiva os trabalhadores ligados ao serviço doméstico e ao trabalho agrário nos interpela uma série de questões que conformam o contexto histórico, cultural e socioeconômico onde se desenvolvem as relações trabalhistas compreendidas em tais categorias.

Só a partir de considerar as peculiaridades e denominadores comuns que reconhecem os trabalhadores dessas atividades, será factível explicar-se a postergação que em ambos os casos é detectada para o fim de nível de tutela alcançado até o presente, e em função disso propor as vias de ação e os mecanismos idôneos para superar esta situação.

II. O MARCO GERAL EM QUE SE DESENVOLVEM

Ambos enquadram-se nos que poderíamos denominar setores vulneráveis, sujeitos a situações que tanto desde o individual como desde o coletivo apresentam riscos de grande precariedade, de uma débil vigência de direitos fundamentais do trabalho e de frequentes invisibilidades tanto no que concerne à valoração econômica do aporte laboral como aos abusos frequentes que são verificados em prejuízo dos trabalhadores.

Também deve-se ressaltar como dado comum a ambos coletivos a incidência de uma cultura menos cabante de quem desempenha os trabalhos domésticos e rurais, ao que ajuda a usual baixa qualificação que se atribui aos ocupados nestas tarefas e à ausência de programas específicos de capacitação, máxime levando em conta que a tecnificação dessas atividades ou da tecnologia incorporada a elas costuma substituir a mão de obra mais que impor uma maior formação para seu aproveitamento.

Neste mesmo sentido, não se pode deixar de advertir que tanto um como outro setor denotam uma marcada incidência — não só histórica, mas inclusive atual — das expressões típicas do autoritarismo patronal; reconhecendo também raízes comuns derivadas de regimes trabalhistas emergentes de sistemas de escravidão, de servidão ou coloniais. Pelo que, conformam âmbitos mais hostis à aceitação e incorporação de práticas democráticas, e à admissão do trabalhador e da trabalhadora como sujeitos de iguais direitos e consideração que qualquer outro empregado ou, mais ainda, que qualquer outro cidadão.

III. UMA HIPOSSUFICIÊNCIA EXACERBADA

É habitual a referência à "hipossuficiência" do trabalhador em relação de dependência, como dado de realidade e fundante do sentido protetivo do Direito do Trabalho. Característica que não decorre, necessariamente, do nível de instrução ou formação profissional alcançada, mas das subordinações (econômica, técnica e jurídica) que subjazem a toda vinculação laboral e qualquer que seja o grau que aquelas alcancem.

Todavia, uma análise detida das realidades próprias do trabalho doméstico ou rural nos evidencia uma marcada exacerbação dessa "hipossuficiência" e, com isso, a consequente acentuação das "subordinações" típicas antes aludidas como também a consequente potencialização da "autoridade" patronal.

Os desequilíbrios, então, próprios de toda relação desigual — como é a relação trabalhista — incrementam-se, com o que a resposta do Direito do Trabalho — uma de cujas funções primordiais é criar, normativamente, outras desigualdades de signo inverso para obter equilíbrios razoáveis — deveria exibir um maior conteúdo tutelar a favor do trabalhador rural ou doméstico. Mas isso não é assim, em geral, e particularmente nas legislações vigentes em nossos países latino-americanos.

Não é menor o fato de que estes trabalhadores e trabalhadoras tenham um maior grau de exposição aos abusos, pelo motivo de que sua residência ou mesmo o desenvolvimento de sua vida cotidiana esteja mais estreitamente ligado ao lugar onde os serviços são prestados. Não só nos casos — frequentes — em que moram na casa do empregador ou em sítios sob seu poder, mas quanto à menor disposição de seus tempos livres, e às distâncias que os separam de suas moradias ou, inclusive, de centros de abastecimento de elementos básicos para a vida. Tudo o que incrementa o poder do empregador e a consequente dependência.

Importa considerar também a proliferação do trabalho infantil e adolescente, já que tanto no âmbito rural como no doméstico é onde se registram os maiores índices de trabalho de crianças e jovens, que veem ainda mais reduzidas as possibilidades de fazer valer seus direitos básicos e sofrem uma subjugação mais acentuada.

Tampouco se deve perder de vista a incidência que, em âmbitos coletivos, têm as migrações humanas, tanto desde outros países como dentro de cada país, o que submerge ainda mais as possibilidades de autodeterminação dos trabalhadores, por problemas de documentação, dificuldades para desenvolver relações pessoais, por ausência de uma rede de contenção familiar ou por estarem sujeitos ou mais expostos a serem vítimas de manobras delitivas.

Sobre este último é preciso assinalar que são justamente os trabalhadores destes setores os que mais comumente são vítimas dos delitos de tráfico de pessoas.

No plano coletivo, as carências são similares ou ainda piores, como também mais evidenciáveis em tudo que se refere aos mecanismos típicos de autotutela: sindicalização, exercício do direito de greve ou de contratação coletiva.

Constituindo a autotutela coletiva o principal desencadeador para a obtenção de direitos trabalhistas, fácil será perceber que a instabilidade neste aspecto aprofunda os fatores precarizantes deste tipo de relações trabalhistas.

IV. ALGUMAS CONSIDERAÇÕES PARTICULARES

O sistema de relações trabalhistas em sua evolução atual nos mostra avanços e certo grau de consolidação de direitos e instituições que não se compadecem com o atraso que caracteriza, em geral, o estado de situação que é possível nos setores rural e doméstico.

Uma primeira e ineludível reflexão exige o atinente aos direitos da liberdade sindical. A situação de trabalho própria do meio rural, e mais ainda do trabalho doméstico, opõe dificuldades particulares para a sindicalização, e com isso para o exercício de atividades básicas de autodefesa como são a negociação coletiva e a greve.

O tema antes referido cobra especial relevância nos coletivos analisados, levando em conta que se trata de trabalhadores de muito alta exposição a situações de virtual servidão, trabalho forçado, discriminações sociais diversas (étnicas, de gênero, por nacionalidade, por convicções religiosas etc.), de assédio trabalhista e de exploração de trabalho infantil e adolescente; de privação temporária — por retenção patronal — da documentação pessoal de identidade e com severas restrições para o aproveitamento do tempo livre, inclusive para abandonar seu lugar de trabalho.

É também notável a maior incidência proporcional do trabalho de meninos, meninas e adolescentes no âmbito rural, em comparação com o que é registrado nas zonas urbanas.

Como também essa mesma diferença proporcional — inclusive incrementada — quanto à evasão escolar daqueles que trabalham no campo, em relação aos que o fazem nas cidades. Se a isso somamos a ausência — em geral — de programas de capacitação e formação profissional, que melhorem a qualificação trabalhista e a preparação destas crianças e jovens, será fácil perceber que se aprofunda ainda mais a exclusão e a falta de possibilidades de progresso social dos trabalhadores e trabalhadoras destes setores.

Ao exposto, podem se agregar, como fatores que acentuam a precarização trabalhista nestes setores, entre outros: a extensão desmesurada das jornadas e semanas de trabalho; a utilização de meios de pagamento alternativos à moeda corrente de curso legal, ou a frequente substituição do salário — em todo ou em parte — por prestações em espécie arbitrariamente supervalorizadas; as inexistentes ou ineficazes medidas de segurança e higiene, e a falta de provisão de elementos pessoais de segurança.

Em relação à exposição a riscos do trabalho, e particularmente à possibilidade de serem vítimas de acidentes, é preciso considerar a precariedade dos meios de transporte em que se traslada a seus lugares de trabalho os trabalhadores rurais. É uma constante em toda América Latina a utilização de veículos de carga com tal fim prescindindo de todo tipo de controle tanto técnico como sanitário, e que os trabalhadores devem compartilhar a viagem com animais ou produtos tóxicos sem proteção nenhuma.

Entre as carências substantivas que também compartilham trabalhadores domésticos e rurais contam-se a comum ausência de coberturas suficientes e eficientes da seguridade social (sistemas de saúde, de pensão ou de aposentadoria, de riscos do trabalho, de assistência econômica perante contingências decorrentes de doenças ou questões parentais — maternidade, cuidado de familiares, etecetera).

Paralelamente, com as fragilidades que são registradas nas áreas antes comentadas, mais além do que é concebido no marco do contrato de trabalho ou como pertencente ao âmbito da seguridade social, é alarmante a situação em que se encontram os trabalhadores desses setores em matéria de licenças, tanto ordinárias de férias como também em relação a circunstâncias especiais tais como enfermidades sem culpa (ou não do trabalho), por gravidez e maternidade, por falecimento de familiares ou por estudos nos diferentes níveis de instrução.

Outro problema de relevância é constituído pela modalidade de contratação e as vias para que ela se concretize. A informalidade em matéria contratual que caracteriza as relações trabalhistas em geral recebe nestes setores uma importância singular. Com efeito, verificam-se debilidades adicionais em razão da falta de definição das tarefas compreendidas no compromisso trabalhista, por um lado; e também, por outro, uma maior instabilidade no emprego ou dificuldades inclusive para conseguir que se categorize como "trabalhista subordinado" o vínculo entabulado com quem recebe ou se beneficia com este trabalho.

Finalmente, nesta mesma ordem de ideias cabe mencionar a expansão de mecanismos de intermediação na contratação de trabalhadores ou de terceirização de serviços, que não tem como contrapartida um reforçamento dos dispositivos de solidariedade patronal perante o trabalhador.

V. PROPOSTAS DE CONTEÚDOS MÍNIMOS QUE REGULEM O TRABALHO DOMÉSTICO E RURAL

A sucinta descrição que fizera precedentemente me leva a sustentar que o fortalecimento e desenvolvimento dos direitos inerentes aos trabalhadores do serviço doméstico e do âmbito rural exigem que se contemple normativamente:

1) Direitos básicos e fundamentais, como os seguintes:

- liberdade sindical,
- proibição do trabalho forçado ou obrigado,
- abolição do trabalho infantil,
- eliminação da discriminação no emprego.

2) Idade mínima para a admissão no emprego, conjugada com garantias de terminalidade educativa.

3) Modalidades e mecanismos de contratação direta ou, se for o caso, por meio de serviços públicos de emprego e/ou bolsas de trabalho sindicais.

4) Regimes de formação e capacitação profissional.

5) Proteção frente aos abusos e às distintas formas de assédio pessoal.

6) Regime de jornada limitada e que assegure descansos semanais.

7) Proteção do salário:

- salário mínimo garantido;

- meios de pagamento que assegurem a efetividade e integralidade da percepção da retribuição fixada;
- frequência documental do pagamento da remuneração.

8) Direitos à previdência e seguridade social.

9) Tutela frente aos riscos do trabalho — acidentes e doenças profissionais.

10) Licenças pagas:
    - anuais de férias,
    - por maternidade,
    - por enfermidade,
    - para prestar exames nos distintos níveis educacionais.

11) Elementos de proteção pessoal para o trabalho.

12) Alojamento digno, comida e água potável suficiente.

13) Traslado e transporte de pessoas em condições dignas e seguras.

14) Tutelas específicas e adicionais para os trabalhadores migrantes.

15) Garantias e estímulos para a sindicalização.

16) Promoção da negociação coletiva ou outros dispositivos ou organismos paritários com participação dos trabalhadores.

A determinação dos agentes governamentais e a direção das políticas públicas com eixo no trabalho digno, de qualidade e suficiente para possibilitar o progresso pessoal e social dos trabalhadores, constitui um condicionante de relevância para a efetividade de direitos e garantias como os enunciados, mas não substitui a indispensável ação do movimento operário em seu conjunto e a participação sindical dos trabalhadores em busca destas legítimas aspirações.

16. Garantia da Cobrança dos Créditos Trabalhistas, Estabelecendo-se a Responsabilidade Solidária de todos os que na Cadeia Produtiva se Aproveitam ou Beneficiam da Força de Trabalho Assalariada

A Responsabilidade Solidária de Todos os que se Beneficiam do Trabalho Humano

Sebastián Serrano Alou

O capitalismo, com sua marca baseada em um sistema de acumulação egoísta que destrói tudo o que se interpõe a ele, desde seus inícios, declarou guerra contra a classe trabalhadora, da qual dependia em seu começo de forma mais estreita, mas da qual, desde sua mutação em capitalismo neoliberal globalizado, que privilegiou a especulação financeira sobre a produção, vem tentando desprender-se. Há várias décadas, o capital está buscando livrar-se de toda responsabilidade, em especial da derivada das relações de trabalho, mas com a paradoxal conduta de tentar submeter a classe trabalhadora, quase escravizá-la, em forma similar à dos inícios do capitalismo, sempre com a intenção de obter seus objetivos econômicos. Isto, que pode parecer contraditório, não é tanto. O capitalismo necessita de uma sociedade na qual existir, da qual extrair seus benefícios e na qual, por sua vez, fazê-los valer, mas o que o capitalismo não precisa, hoje, (ou não quer) como no passado, é manter uma relação estreita com a classe trabalhadora. Hoje, mais que nunca, o capital pretende aumentar seus benefícios e limitar seus custos, sendo o objetivo eleito o corte dos benefícios obtidos pela classe trabalhadora e a evasão de responsabilidades.

O modelo flexibilizador da regulamentação do trabalho que se implementou na América Latina, impulsionado por políticas como as do Consenso de Washington, responde a esta política neoliberal, e nega os princípios do direito do trabalho, questionando as estruturas normativas e científicas constituídas. Este modelo levou, entre outras coisas, à aparição de distintos contratos que possibilitaram aos empresários desatar responsabilidades trabalhistas, colocando os trabalhadores em relações de trabalho caracterizadas pela incerteza e pela marginalidade. Com a justificativa de adaptar as relações de trabalho às exigências do mercado, colocando como fundamento que deviam satisfazer as demandas de flexibilidade do mercado econômico para conseguir uma economia nacional pujante e competitiva, implementaram-se distintas medidas destinadas a possibilitar a limitação e o deslinde de responsabilidades, sendo uma das formas eleitas a criação de distintas formas de terceirização, intermediação, subcontratação etc., com as quais se dilui a responsabilidade. As transformações produtivas das últimas duas décadas agregaram novos motivos de preocupação. A fragmentação, externalização, diversificação e deslocalização produtivas, ou a geração de redes societárias, diluem a identificação do sujeito empregador.

Por outra parte, multiplicam-se os casos de sociedades infracapitalizadas, ou esvaziadas inescrupulosamente para evitar reivindicações; o caso de sócios e/ou administradores que descumprem as normas trabalhistas pela confiança que lhes brinda a limitação da responsabilidade de alguns tipos societários; a transferência de comércios, o fechamento ou mudança de seus nomes são comuns. As estratégias se multiplicam.

Na época atual, a dominação consiste na capacidade de escapar, de descomprometer-se, de estar em outra parte; e a arte da gerência das empresas preocupa-se em desfazer-se da mão de obra e das obrigações para com as classes trabalhadoras. Diante desta situação, os trabalhadores ficam muitas vezes à deriva, com incerteza e sem saber a quem reclamar por seus direitos, já que quem era seu empregador desapareceu ou é insolvente, ou, em muitos casos, nunca souberam com clareza quem era seu empregador. Diante deste cenário de incerteza no qual os trabalhadores se veem desprotegidos e à deriva, vinculados a distintos sujeitos em forma transitória ou precária, trabalhando em uma relação na qual parecem depender de uma pessoa ou empresa insolvente, mas prestam tarefas que beneficiam economicamente a pessoas ou empresas com uma notável liquidez, impõe-se recuperar o sentido protetor da solidariedade dentro do âmbito do Direito do

Trabalho, a função de proteção do trabalhador e seus créditos de caráter eminentemente alimentar. Faz-se cada vez mais necessária uma postura que ponha os direitos e interesses em jogo em seu devido lugar, colocando os direitos do trabalhador, intimamente vinculados com seu desenvolvimento humano e de sua família, em um lugar de proeminente proteção diante dos direitos de livre comércio, propriedade e empresa.

No Direito do Trabalho, a solidariedade no cumprimento das obrigações tem um significado particular, sendo necessário potencializar sua função de garantia em virtude dos créditos que se tenta resguardar e as características dos assuntos enfrentados, assim como a importância que tem na sociedade o resultado das relações de trabalho e a segurança no cumprimento das obrigações delas derivadas. No Direito do Trabalho, a solidariedade faz os direitos humanos e não o comércio.

De nada serve reconhecer distintos direitos ao trabalhador se então não poderá fazê-los valer por não saber contra quem, ou ser o devedor uma pessoa insolvente, ou que desapareceu sem deixar rastro, ou por qualquer motivo que possa chegar a frustrar o acesso efetivo do trabalhador ao gozo de seus direitos.

A riqueza vem do trabalho, e o trabalho é talvez a única fonte verdadeira de riquezas. Quando se soube isto, a razão foi encarregada de drenar, espoliar e explorar esta fonte mais eficazmente que nunca.

A responsabilidade dos devedores solidários diante do trabalho surge, entre outras causas, do proveito que receberam do trabalho subordinado. Ao contrário, podemos dizer que o direito do trabalhador de exigir o pagamento de seus créditos aos devedores solidários vem, entre outros motivos, de seu direito a participar dos lucros das empresas que tenha ajudado a gerar. A solidariedade em relação aos créditos dos trabalhadores tem por isso um de seus fundamentos nos lucros que obtiveram ou obterão do trabalho subordinado os devedores solidários. Dessa forma, a lei tende à proteção do trabalhador que, ao cobrar seus créditos dos distintos devedores, está não só cobrando o que por lei lhe corresponde, mas também participando dos lucros que ajudou a gerar para as distintas empresas-devedoras.

O trabalhador tem direito a participar nos lucros das empresas que ajudou a gerar com seu trabalho, e mais ainda quando esta participação se dá na cobrança dos créditos básicos que são fundamentais para sua subsistência. Não só tem direito a participar dos lucros da "empresa" da qual depende diretamente, mas das "empresas" para as quais gera "lucros" com seu trabalho. Quem obteve algum benefício econômico do trabalho subordinado deve responder pelos créditos do trabalhador surgidos de seu trabalho, assim como pelas consequências e danos sofridos por ele em razão de seu trabalho; deve assegurar-lhe sua subsistência na medida de sua responsabilidade, já que é injusto que as empresas e os empresários consigam seu objetivo (obter benefícios econômicos), e os trabalhadores se vejam burlados na obtenção dos seus (conseguir os meios materiais para o seu desenvolvimento digno e de sua família).

A relação que existe entre o lucro obtido e as tarefas de um trabalhador justifica que a empresa beneficiada garanta o crédito do trabalhador pelo trabalho do qual se beneficiou. Os empresários que entram no mercado devem assumir os riscos deste e não debitá-los aos trabalhadores. Os empresários que se beneficiaram das ordens e decisões do empregador direto, ou utilizaram intermediários, obtendo benefícios produzidos pelos trabalhadores, não podem pretender então proteger-se ou fugir alegando que desconheciam que o empregador direto violava ou não respeitava os direitos dos trabalhadores, ou alegando falta de participação nos fatos que dão lugar às reclamações dos trabalhadores, ou haver firmado um contrato com o empregador direto que os liberava de toda responsabilidade, ou qualquer outra causa para evitar que o lucro que obtiveram os obrigue a responder perante o trabalhador. Não se pode permitir e garantir aos titulares do capital extrair benefícios do trabalho subordinado e subtrair-se das perdas e/ou consequências; ou o que é o mesmo, é injusto que os trabalhadores gerem lucros dos quais não podem participar, nem mesmo para satisfazer seus direitos mais básicos.

Uma solidariedade trabalhista que siga os lineamentos dos distintos instrumentos internacionais de direitos humanos, e que progressivamente busque que todos e cada um dos membros da sociedade participem dos bens materiais e espirituais da civilização, máxime quando são os artífices de sua produção, fará responsáveis a todos aqueles que obtiveram um ganho das tarefas do trabalhador por todos os créditos resultantes da relação de trabalho.

Enquanto a extensão da responsabilidade encontra justificativa em proteger o trabalhador diante de possíveis insolvências, dissuadindo possíveis tentações de fraude, a finalidade e justificativa da solidariedade trabalhista excede a essas funções, configurando um meio destinado a responder à função essencial de proteção do trabalhador que tem o Direito do Trabalho. Por este motivo, a solidariedade trabalhista não depende da existência de fraude trabalhista, pois, mesmo na ausência de fraude, sua função é permitir ao trabalhador eleger entre as distintas opções para reclamar por seus direitos, elegendo a mais conveniente; sendo ademais uma forma de permitir a distribuição mais equitativa das riquezas produzidas, sendo todos os que participam da riqueza produzida pelo trabalho responsáveis por suas consequências.

Não se pode hoje seguir negando que por cima do direito de propriedade do empresário encontra-se o direito à dignidade humana. Para alcançar esta dignidade é necessário respeitar e fazer efetivo o direito à igualdade, sendo necessário no âmbito do trabalho implementar medidas de discriminação afirmativa. A igualdade de direito não serve para nada se não vem acompanhada de uma igualdade de fato. Já os revolucionários franceses afirmavam que não era possível assegurar a igualdade de fato à porção mais útil e numerosa da sociedade, os trabalhadores, se não fosse realizada uma verdadeira repartição das fortunas. A propriedade, bem supremo do mercado e da empresa, não pode permanecer incólume perante o direito dos trabalhadores que ajudaram a aumentar, manter ou forjar estas fortunas. Hoje, o problema da impossibilidade de ter acesso a um desenvolvimento digno de cada vez mais pessoas, tem uma solução: a distribuição mais justa das riquezas socialmente produzidas.

Não se pode proteger a acumulação de riquezas em mãos de grandes capitalistas com a desculpa de que se deve respeitar a propriedade privada, e deixar desprotegidos os trabalhadores e sem possibilidade de usufruir da propriedade das riquezas que geraram com seu trabalho, impedindo-os de serem pessoas dignas.

Diante das reclamações dos trabalhadores que perseguem a satisfação de seus créditos trabalhistas, deve-se eleger entre dois sujeitos em conflito, cujas situações são diametralmente opostas. De maneira nenhuma se pode defender o empresário e seu capital sobre o trabalhador e seus direitos humanos, nem mesmo alegando que o que se pretende proteger, em última instância, é "o desenvolvimento do comércio interno e internacional" para benefício de todos, ou que se deve proteger a empresa como forma de criar mais trabalho. Enquanto aproteção do trabalhador deve ser harmonizada com outros bens, valores e princípios, como a propriedade, a segurança jurídica e a liberdade de exercer uma indústria lícita, esta harmonização de direitos deve ser real, e não encobrir um favoritismo dos direitos de propriedade, a célebre segurança jurídica ou a liberdade de indústria lícita por sobre os direitos do trabalhador; já que em caso de preferência, em caso de conflito, devem prevalecer os direitos do trabalhador por seu profundo conteúdo social e sua íntima vinculação com a dignidade e o desenvolvimento da pessoa humana.

Se há alguma segurança a defender em primeiro termo, esta é a segurança dos trabalhadores, já que do contrário se gera uma insegurança social que produz desmoralização e dissociação social, dissolve os laços sociais e mina as estruturas psíquicas dos trabalhadores, condenados a uma precariedade permanente que é também uma insegurança permanente por não ter controle do que acontece.

No Direito do Trabalho, encontram-se envolvidos os direitos humanos, entre eles, o direito a uma ordem social justa. É bom recordar que já o preâmbulo da Constituição da OIT afirma que "sem justiça social não haverá paz".

A justiça social é "a justiça em sua mais alta expressão", consistente em ordenar a atividade intersubjetiva dos membros da comunidade e os recursos com que ela conta com vistas a conseguir que todos e cada um de seus membros participem dos bens materiais e espirituais da civilização; é a justiça por meio da qual se consegue ou se tende a alcançar o "bem-estar", isto é, as condições de vida mediante as quais é possível à pessoa humana desenvolver-se conforme sua excelsa dignidade. Dito isso, a responsabilidade da empresa e do mercado, e no caso particular da responsabilidade solidária dos empresários com relação aos credores trabalhistas, justifica--se pela necessidade do trabalhador de contar com os créditos de que é credor, para poder participar dos bens que lhe permitem ter acesso ao bem-estar geral, mediante o acesso à educação, à saúde, à moradia e demais necessidades básicas que ele e sua família têm. Por outro lado, a proteção dos empresários só se vê justificada desde as normas do mercado e da acumulação de capitais, que têm uma natureza egoísta desconectada de todo conteúdo social; havendo ficado demonstrado já há tempo que beneficiar o capital não termina por gerar grandes riquezas que, chegado certo momento, se derramam no resto da sociedade, mas que gera acumulações que não têm limite e produzem uma desigualdade e exclusão sem precedentes.

A tendência do Direito do Trabalho de proteger o mundo do trabalho deve ser fortalecida diante da realidade social subjacente injusta e explosiva. Se são explorados os que trabalham, se não são respeitados seus créditos, se o trabalho subordinado não oferece mais que inseguranças e condições precárias, cada vez serão mais os que, em lugar de buscar meios legítimos para procurar sua subsistência, se vejam empurrados a delinquir.

Em grande medida, só se poderá neutralizar o aumento da insegurança social se é dada segurança ao trabalho. Na medida em que o trabalhador saiba que os lucros que ajudou a gerar são o respaldo de seu crédito, terá uma maior confiança no mercado de trabalho, e se sentirá mais integrado na sociedade. Os que se beneficiam do trabalho subordinado devem garantir aos trabalhadores a satisfação de seus créditos e, por meio deles, a satisfação de suas necessidades e as de sua família.

A aplicação de uma solidariedade trabalhista ampla, real e efetiva terá um efeito moralizador sobre aqueles que costumam descumprir as normas trabalhistas e/ou se beneficiarem com estes descumprimentos, já que por um lado obrigará os empregadores diretos ao cumprimento da lei para não ficarem excluídos das contratações do mercado, e, por outro, obrigará os devedores solidários a contratar só com empregadores sérios que cumpram as normas trabalhistas; desalentando também a fraude, já que os que costumam ter tendência a ela saberão que a solidariedade trabalhista os alcançará, uma vez provada sua participação nos lucros que gera o trabalho subordinado. Mas o mais importante é que será uma ferramenta para a distribuição das riquezas, que contribuirá para possibilitar um desenvolvimento mais igualitário e uma situação de bem-estar para um número maior de pessoas.

A responsabilidade solidária pelos créditos do trabalhador, de todos aqueles que se beneficiam com seu trabalho, é a única forma de reverter a atual tendência à terceirização, intermediação fraudulenta, subcontratação, constituição de pessoas jurídicas em fraude à lei, administração negligente ou maliciosa dos entes de existência ideal, e todas as formas por meio das quais o capital busca multiplicar benefícios e diminuir responsabilidades. Os distintos elos e participantes da cadeia produtiva atuarão com maior cuidado e respeito aos direitos trabalhistas, e controlarão que o restante assim o faça.

Nos últimos anos, para salvar as grandes empresas financeiras, que são as representantes dos interesses econômicos do capitalismo global, obriga-se a cada um dos indivíduos que são os contribuintes não consultados de cada país, a realizar uma contribuição "solidária" para salvar quem realizou negócios equivocados (para não dizer muitas vezes fraudulentos) ou tomaram decisões econômicas equivocadas, e se obriga as partes mais fracas da sociedade (trabalhadores, aposentados, doentes, indigentes etc.), a suportar os cortes, sem questionar a falta de razoabilidade de tirar dos pobres, para seguir dando aos que enriqueceram com seu empobrecimento. Mas quando é o trabalhador desempregado, cujos direitos foram vulnerados aproveitando-se de sua postura de debilidade, quem reclama o pagamento solidário de quem se beneficiou com o trabalho, são estes mesmos interesses econômicos que apresentam suas mais enérgicas rejeições e questionamentos, afirmando que de nenhuma maneira é lógico tirar dos que muito têm nem uma mínima parte de sua riqueza, sem importar como as obtiveram. Esta tendência ou lógica injusta deve se reverter, exigindo dos grandes grupos econômicos ou empresas que justifiquem que não são culpados de sua situação, e que são merecedores da solidariedade dos trabalhadores-contribuintes; enquanto que as reclamações dos trabalhadores, de quem obtiveram uma renda de seu trabalho, por obrigações que surgem do descumprimento de seu empregador direto, muitas vezes um mero fantoche ou máscara, devem ser satisfeitos por ser lógico que quem produz riqueza tenha acesso a ela, e quem se ocupa de acumulá-la injustamente seja privado de continuar fazendo. Não se pode pretender que os que sigam pagando o preço pelos erros e/ou avareza dos especuladores financeiros sejam os trabalhadores, não se pode permitir que o elo mais débil e produtivo da cadeia seja quem deva suportar todo o peso da situação; como tampouco se pode permitir que os trabalhadores não possam participar dos lucros que ajudaram a gerar quando reclamam por créditos que têm sua base na justiça social e no Direito do Trabalho.

A empresa e o capital só devem ser protegidos na medida em que sejam socialmente úteis, e não quando levam à alienação da pessoa humana, tornam-se ferramentas de destruição do meio ambiente e têm como consequência a espoliação das riquezas da sociedade.

O estabelecimento de uma ordem trabalhista mais justa gira em torno de uma dicotomia fundamental: fazer a América Latina um mercado mais ou menos atrativo para os investidores que especulam, com poder fugir das responsabilidades que geram as relações trabalhistas, ou um lugar mais seguro para os trabalhadores, no qual se respeitem seus direitos fundamentais e tenda-se a promover o bem-estar geral com justiça social. Segundo se coloque o eixo na proteção dos capitais e das empresas, ou se dê preeminência à pessoa humana, e, por isso, aos direitos dos trabalhadores e sua proteção, conseguir-se-á maior desigualdade e mal-estar social, ou um desenvolvimento mais igualitário, com justiça social, com vistas à obtenção do bem comum.

Na atual conjuntura da era da globalização, faz-se imperativa uma mudança quanto ao eixo que governa as relações da sociedade, o objetivo deve se deslocar da atual situação de predomínio do capital e das regras do mercado a um indiscutível predomínio do Direito Internacional dos Direitos Humanos do qual forma parte o Direito do Trabalho. Progressivamente, deve-se obter um maior acesso aos bens materiais e espirituais por parte de todas as pessoas, em especial daquelas que produzem.

O Direito do Trabalho nasceu diante do interesse geral — em nível mundial — de proteger uma relação fundamental (a relação de trabalho), e surgiu em nível global em um momento da história em que era indiscutível a necessidade de uma proteção adequada do trabalho. Portanto, diante dos discursos com fundamentos econômicos que pretendem desativar a proteção dos trabalhadores e seus direitos, alegando mudanças em nível global que exigem uma adequação do Direito do Trabalho à competitividade que impõe o mercado, o importante é não cortar a proteção do trabalho subordinado, mas que o que se deve fazer é respeitar e manter a vigência de um direito protetor.

Até quando se coloque fim a um sistema global tão injusto e destrutivo, as ferramentas que combatem suas iniquidades devem ser reavaliadas e potencializadas, o Direito do Trabalho e seus princípios devem exigir plena vigência para resguardar a dignidade da pessoa humana e obter o bem-estar geral. É momento de recuperar o papel protetor das obrigações solidárias no marco das relações de trabalho, para o que se deve ter presentes os distintos fundamentos da solidariedade no Direito do Trabalho.

Enquanto não ocorra uma mudança no sistema, enquanto não chegue uma crise que consiga banir o sistema capitalista de acumulação, o trabalho deve obter a proteção das distintas leis como uma forma de obter o desenvolvimento e o acesso à dignidade das pessoas. O mercado, que carece de moral, e a propriedade privada, que é um meio para o desenvolvimento da pessoa, não podem ser aqueles que ditam as regras do Direito do Trabalho, e, por isso, os que definem quais são o significado e alcance da responsabilidade solidária que surge das relações de trabalho. A solidariedade tem como eixo obter o bem-estar da pessoa humana, é uma ferramenta para obter uma maior justiça social. A multiplicação dos sujeitos devedores dos créditos trabalhistas gerará uma segurança jurídica (que não se deve assegurar só às empresas) que permitirá ao trabalhador ter maior certeza de que o projeto vital por ele eleito é realizável.

Para superar com êxito as crises cada vez mais frequentes do capitalismo, e o sistema capitalista, o eixo das soluções deve estar na pessoa humana e, por isso, no Direito Internacional dos Direitos Humanos, e não no mercado e no afã de produzir riquezas cada vez maiores para acumular entre cada vez menos pessoas; ou seja, deve-se buscar o benefício da maior parte da população global, representada na classe trabalhadora, e não de uns poucos especuladores e aproveitadores da riqueza produzida pelos primeiros.

A solidariedade das empresas, e seus operadores, no que pertine aos créditos trabalhistas, deve ser uma só em toda a América Latina, para evitar um deslocamento dos capitais ao país que lhes assegure a maior impunidade e/ou a menor proteção aos trabalhadores. Só assim se conseguirá que os capitais, que de nenhuma maneira podem deixar de participar da produção de riqueza do povo latino-americano, continuem com a política de pressão aos governos para gerar situações nas quais os trabalhadores só possam reclamar por seus créditos ao elo mais fraco, e normalmente insolvente, da cadeia.

A sociedade, e aqueles que formam parte dela e nela interatuam, não podem mais que ser solidários, já que o individualismo que tudo subordina, mesmo a legalidade das normas, a benefício econômico próprio, sem importar a subjugação dos direitos do próximo, é o que gera o caldo de cultivo da exclusão social na América Latina, que explora nas relações de violência social de quem, excluído da sociedade e de seus benefícios, nada tem a perder, já que mesmo sua vida, nas condições em que vive, não tem para ele valor.

17. Criação de Fundos que Cubram os Casos de Insolvência Patronal

Do Direito a uma Remuneração Justa, que é um Direito de Subsistência, Necessariamente Deriva a Garantia de sua Efetiva Percepção

Sebastián Serrano Alou

Um ordenamento social que aceita a existência de indivíduos que são titulares dos meios de produção e de bens para atender a sua subsistência, e de outros que só mediante o trabalho assalariado podem consegui-lo, unicamente pode pretender um mínimo de legitimação se reconhece a estes últimos dois direitos: o direito ao trabalho e o direito a uma remuneração justa. Por serem direitos estreitamente vinculados à subsistência da pessoa, ou seja, com o direito à vida, são direitos humanos fundamentais que o Estado deve assegurar. Do direito a uma remuneração justa deriva, então, a necessidade de garantir ao trabalhador sua percepção. Faz-se imperioso passar, em última análise, da fase declaratória para a que permita trazer estes direitos à realidade.

Em que pese existirem distintos meios articulados pelas normas nacionais e internacionais para que o trabalhador possa cobrar seus créditos de quem se aproveitou de seu trabalho, seu empregador direto e os devedores solidários, muitas vezes eles são ineficazes diante de um caso de insolvência patronal, pela impossibilidade de cobrança ou sua distância. Nestes casos, torna-se importante ter uma alternativa com vistas a que o trabalhador possa efetivamente receber seus créditos, de forma rápida e segura, para poder usufruir dos direitos humanos fundamentais, e esta alternativa é a criação de fundos que cubram os casos de insolvência patronal, alternativa que se encontra prevista em nível internacional--global na Convenção n. 173 da OIT[1]. Neste mesmo caminho, a Recomendação n. 180 da Conferência Geral da Organização Internacional do Trabalho, sobre a proteção dos créditos trabalhistas em caso de insolvência do empregador, propõe que a proteção dos créditos trabalhistas por uma instituição de garantia deva ser a mais ampla possível.

Reitero o que foi dito ao comentar o ponto 16 da Carta, sobre as obrigações solidárias: de nada serve reconhecer distintos direitos ao trabalhador se em seguida não poderá fazê-los valer, por não saber contra quem, ou por ser o devedor uma pessoa insolvente, ou por haver desaparecido sem deixar rastro, ou por qualquer motivo que possa chegar a frustrar o acesso efetivo do trabalhador ao gozo imediato de seus direitos.

Os fundos que cubram os casos de insolvência patronal devem ser estatais, sem que se possa cair na armadilha de gerar um negócio privado para empresas que lucrem com a proteção de um direito humano. Uma empresa que persiga benefícios econômicos privados e não a obtenção do bem comum e da justiça social, leva a desvirtuar o objetivo, e a não conseguir o resultado, já que prejudicar o trabalhador pode beneficiar a empresa e contribuir para a obtenção de seu interesse de lucro.

O Estado deve articular a forma de financiar estes fundos de garantia, existindo distintas opções, sendo as mais importantes a contribuição empresarial com base nos lucros — em especial, os extraordinários — e/ou por meio de uma cotização social, a repetição contra os devedores diretos insolventes quando melhorem sua situação e/ou contra os devedores solidários solventes, além dos distintos investimentos lucrativos que podem ser efetuados com os fundos, caso seja alcançada uma soma considerável. Da mesma forma como nos casos de solidariedade entre empresas por créditos dos trabalhadores dos quais obtêm lucros, os lucros que o trabalho gera devem ser sua garantia, devendo destinar-se uma parte a formar um fundo de garantia. De outra parte, o ente administrador dos fundos que cobrem os casos de insolvência patronal deve ter o direito de repetir do devedor insolvente e/ou dos devedores solidários as somas pagas ao trabalhador, o que se justifica na necessidade de manter a solvência destes fundos, e de evitar um enriquecimento injusto dos devedores que se tornaram insolventes, que, ao recuperar sua capacidade de pagamento, deverão enfrentar as dívidas cobertas com o fundo de garantia.

---

(1) Na Comunidade Europeia, aborda-se a problemática da proteção dos trabalhadores em caso de insolvência patronal, na diretiva n. 80/987/CEE de 20 de outubro de 1980 (modificada a seguir pela n. 87/164/CEE de 1987). Na Espanha, instrumentalizou-se esta proteção por meio da criação do Fondo de Garantía Salarial — FOGASA.

Basta a prova do crédito do trabalhador e a insolvência de seu empregador direto — plasmada na impossibilidade comprovada do trabalhador de receber seu crédito —, para que tenha direito a cobrar seu crédito de um fundo de garantia, devendo este fundo cobrir, no melhor dos casos, a totalidade dos créditos derivados da relação trabalhista, ou, no pior deles, seus créditos salariais. O trabalhador não pode dilatar no tempo indefinidamente a cobrança de seus créditos, já que não tem uma estrutura econômica com a qual suportar a falta de recebimento de somas de dinheiro que lhe são indispensáveis; e muito menos pode se ver privado destes créditos por ser insolvente seu empregador. Por este motivo, demonstrada a insolvência do empregador, e a impossibilidade imediata de recebimento do trabalhador, o fundo de garantia deve cobrir esta situação, passando para o Estado que administra o direito a repetir tal soma, com mais os juros e custas, do devedor primitivo e/ou dos devedores solidários.

A falta de recebimento de créditos de caráter trabalhista, sejam eminentemente salariais-alimentares, indenizatórios, por acidentes e/ou enfermidades incapacitantes, ou de contribuições à seguridade social, empobrecem ainda mais o credor trabalhista, que é um trabalhador que não só perdeu seu trabalho e/ou viu diminuída sua capacidade geradora de uma renda, como ademais se vê condenado à pobreza de não contar com os meios para poder satisfazer suas necessidades mais básicas (alimentar-se, contar com um teto, ter acesso a prestações de saúde etc.), pobreza da qual é então muito difícil sair. A exclusão a que se condena o trabalhador desempregado e/ou incapacitado, que pode ter distintos graus, mas que sempre é muito negativa e perigosa, é uma exclusão que na atualidade se faz crônica e vai avançando progressivamente na medida em que o excluído vai vendo limitada em grau crescente sua capacidade de atender a suas necessidades e às de sua família.

O tempo que transcorre desde o momento em que o trabalhador deveria receber seus créditos, e o momento em que pode cobrá-los, é um tempo que causa um dano social difícil de recuperar logo. Não só se condena o trabalhador à exclusão, mas é uma situação que se estende a seu núcleo familiar primário, principalmente a seus filhos, que veem diminuir sua possibilidade de ingressar na sociedade e poder desenvolver suas capacidades, conquistando possibilidades de progresso, em igualdade de condições com as outras crianças.

O pagamento aos trabalhadores dos créditos derivados das relações trabalhistas deve ser uma prioridade de todo o Estado que tenha como fundamento proteger a classe mais ampla e produtiva da sociedade, a base social que lhe dá sustento, mais ainda em épocas em que os únicos que se encontram unidos ao Estado por um laço de dependência mútua são os trabalhadores, já que as empresas são independentes de fronteiras e regras em busca do cenário global que lhes seja mais favorável.

Novamente, é apropriado recordar o estabelecido no preâmbulo da Constituição da OIT: "sem justiça social não haverá paz", sendo um princípio de justiça social indiscutível que quem pôs à disposição de uma empresa e do Estado (direta ou indiretamente) sua atividade criadora e sua vida, deve receber uma retribuição por isso, e ser protegido pelas consequências desfavoráveis que pudesse sofrer, e das que é uma vítima. De nenhuma maneira pode-se culpar o trabalhador, e muito menos onerá-lo, pelos casos de insolvência de seu empregador, nem mesmo quando podia prever que seria insolvente (trabalho precário para um empregador pobre), já que esta situação responde mais à falta de um adequado controle do Estado, que à necessidade do trabalhador de aceitar um trabalho para contar com uma renda, por mínima que seja.

O Estado, que detém o poder de polícia, é responsável por omissão quando o descumprimento das normas é grave, como ocorre nos casos de trabalho informal (que na atualidade tem elevados índices), da insolvência fraudulenta de empresas que não foram controladas adequadamente, ou quando permite a criação de sociedades de duvidosa solvência etc. É um princípio arquitetônico do Direito Internacional dos Direitos Humanos que o Estado está obrigado, por um lado, a respeitar os direitos e liberdades reconhecidos nos tratados que ratifica e, por outro, a organizar o poder público para garantir às pessoas sob sua jurisdição o livre e pleno exercício dos direitos humanos, pelo que a ação ou omissão de toda autoridade pública de qualquer dos poderes do Estado constitui um fato imputável a este que compromete sua responsabilidade, impondo ao Estado a citada obrigação de garantir o exercício e o gozo dos direitos dos indivíduos, neste caso, assegurando ao trabalhador o recebimento das somas de dinheiro que destina a satisfazer suas necessidades básicas e as de sua família. Os Estados devem velar tanto pelo estrito cumprimento da normativa de caráter trabalhista que melhor proteja aos trabalhadores, como para que dentro de seu território sejam reconhecidos e aplicados todos os direitos trabalhistas que seu ordenamento jurídico estipula, direitos originados de instrumentos internacionais ou em normas internas, pelo que lhes corresponde adotar todas as medidas necessárias, sejam de ordem legislativa e judicial, assim como administrativa. Portanto, este é um motivo a mais pelo qual o Estado deve, além de extremar medidas para prevenir a dificuldade do trabalhador para poder perceber seus créditos, criar um fundo de garantia para que os trabalhadores tenham assegurado o recebimento de seus créditos trabalhistas quando esta prevenção não seja suficiente ou adequada.

Na atualidade, o sistema leva que distintos Estados saiam diante das crises financeiras e/ou econômicas a salvar as grandes empresas, e o fazem com os fundos dos contribuintes, em sua grande maioria trabalhadores; com total incerteza sobre se alguma vez os recursos aportados serão recuperados, sequer em mínima medida. Com mais razão se deve salvar os trabalhadores, dado que são os que sustentam o Estado, e quando neste caso depois se pode repetir dos devedores insolventes e/ou solidários. Os grandes capitais, que buscam subtrair seus lucros do Estado, contam na atualidade com o apoio, voluntário ou forçado, do Estado, que os subsidia e sai a socorrê-los quando anunciam que se encontram em crise; com mais razão devem contar os trabalhadores com o socorro estatal quando são os grandes contribuintes à manutenção do Estado, em caso de se encontrarem em uma situação de necessidade, mais ainda se os fundos são gerados com seu trabalho.

A tendência do Direito do Trabalho de proteger o mundo do trabalho deve se ver respaldada por uma multiplicação dos meios que contribuem para este fim. A criação de um fundo de garantia, que dê ao trabalhador a certeza de que em última instância é o Estado o garantidor de seus direitos, não só obrigando a que se respeitem, mas tomando a seu encargo o seu cumprimento mediante o pagamento de seus créditos trabalhistas, é uma ferramenta que dá certeza de que o melhor meio para o desenvolvimento humano é o trabalho lícito. A criação de fundos de garantia estatais, de organismos encarregados de que o trabalhador receba o que por direito lhe corresponde e que os devedores saibam que os créditos que devem continuam vigentes sem importar suas artimanhas, é uma mensagem clara de que o Estado apoia a produtividade lícita e persegue e castiga a ilicitude.

Se progressivamente deve-se obter um maior acesso aos bens materiais e espirituais por parte de todas as pessoas, em especial de quem os produz, mediante distintos meios que assegurem que se façam efetivos os direitos; é imperativo que os Estados articulem a organização de fundos de garantia dos créditos dos trabalhadores, que por sua vez sejam curadores da obtenção de justiça social, ao conseguir que os trabalhadores possam receber as somas de dinheiro que por direito lhes correspondem, e que os devedores que, fraudulentamente ou não, se tornaram insolventes, respondam quando recuperem a solvência por suas dívidas, se é que antes não o fizeram os devedores solidários.

A impossibilidade de cobrança dos créditos trabalhistas pelos trabalhadores pode levar a truncar seu projeto de vida, conceito que, segundo a Corte Interamericana de Direitos Humanos, está associado ao de realização pessoal, que por sua vez se sustenta nas opções que este sujeito pode ter para conduzir sua vida e alcançar o destino que se propõe. Para o tribunal internacional, a rigor, as opções são a expressão e a garantia da liberdade; e dificilmente se poderia dizer que uma pessoa é verdadeiramente livre se carece de opções para encaminhar sua existência e levá-la à sua natural culminação. Essas opções, nas palavras da CIDH, possuem em si mesmas um alto valor existencial e seu cancelamento ou menoscabo implicam a redução objetiva da liberdade e da perda de um valor que não pode ser alheio à observação de tal Corte[2].

---

(2) Corte Interamericana de Direitos Humanos, 27.11.1998, "Loayza Tamayo vs. Peru (reparações e custos)", Série C, n. 42, § 148.

18. Garantia de uma Justiça Especializada em Direito do Trabalho, com um Procedimento que Recepcione o Princípio da Proteção

Trazer à Realidade os Direitos dos Trabalhadores

Roberto Carlos Pompa

I. O ACESSO A UMA JUSTIÇA ESPECIALIZADA COMO DIREITO TRABALHISTA FUNDAMENTAL

O direito do trabalho é um direito do século XX que nasce e se estrutura depois de uma longa luta social, cujos protagonistas foram os trabalhadores, organizados em associações com comunhão de interesses. Não foi um direito gestado pacificamente, mas arrancado do regime capitalista e liberal sob as formas imperantes dos séculos XVIII e XIX. Este direito implicou o reconhecimento da dignidade do trabalho que foi fruto deste longo processo histórico que traduz, em última análise, a luta pela obtenção da justiça social (CARLOS, Fernández Madrid Juan. *Tratado práctico de derecho del trabajo*. Buenos Aires: La Ley, 2000. t. I, p. 20).

Proteção ao trabalho, desenvolvimento humano e progresso econômico com justiça social definem uma concepção do Estado na qual os grandes ideais de liberdade e igualdade não se podem alcançar sem uma política ativa que dê prioridade à situação do homem de trabalho para que possa desenvolver-se na sociedade com igualdade de possibilidades e com reconhecimento de sua dignidade. O direito ao trabalho em condições dignas, o direito à seguridade social, à negociação coletiva, à greve e demais medidas de ação direta, como a garantia a ter acesso aos tribunais para fazer valer seus direitos, são direitos humanos essenciais do cidadão que trabalha, que aparecem consagrados nos tratados internacionais que versam sobre os direitos fundamentais do homem (POMPA, Roberto Carlos. La justicia del trabajo y el rol del estado de implementar los derechos sociales. *XXVII Jornadas de Derecho Laboral AAL y IV Encuentro Latinoamericano de Abogados Laboralistas*, Buenos Aires, out. 2001).

No entanto, os elementos de liberdade e livre consentimento que estão presentes nos contratos bilaterais encontram-se condicionados nas relações trabalhistas em razão da situação de hipossuficiência na qual se encontram os trabalhadores.

A suposta liberdade que a parte empregadora do contrato de trabalho, que goza dos poderes de direção e organização, concede à outra parte — a dos trabalhadores — que se encontra em uma situação de inferioridade de contratação, atua como uma promessa não mantida ou um tipo de esperança não realizada (VENEZIANI, Bruno. L'evoluzione del contrato di lavoro in Europa dalla rivoluzione industriale al 1945. *Percorsi de diritto del lavoro*, a cuidado de Garófalo. Bari: Ricci, 2006. p. 147 e ss.), o que possibilita que a chamada liberdade de contratação possa se converter em um instrumento técnico para regular a legitimidade jurídica da mais brutal submissão do homem (D'ANTONA, Massimo. *Uguaglianze difficili*, a cura de Caruso e Sciarra. Milão, 2000. p. 166).

Com efeito, enquanto a autodeterminação da pessoa exige liberdade de contratação, não é certo que a liberdade contratual garanta a autodeterminação do indivíduo (D'ANTONA. *Op. cit.*), porque sem igualdade a liberdade se converte em seu contrário (ROMAGNOLI, Umberto. *Del status al contrato y retorno*. Peru: Ara, 2009. p. 23), pelo que em última análise os direitos daqueles que se encontram no topo transformam-se em privilégios, enquanto que os daqueles que se encontram em um nível inferior são concessões ou caridade (ZAGREBELSKY, Gustavo. Senza uguaglianza la democrazia é un regime. *Repubblica*, 26.11.2008).

A pretendida bilateralidade no marco das relações de trabalho pode se transformar em uma ficção quando não se outorguem os instrumentos necessários que sejam idôneos para que se possa compensar a assimetria de poderes que se apresenta no marco das relações de trabalho. O homem que trabalha, como cidadão que é, só pode atuar e vincular-se na medida em que o faça livremente, pelo que necessita os meios jurídicos adequados para que, ademais de ser titular de direitos, possa ser titular do poder de exercitá-los (BOBBIO, Norberto. *Política e cultura*. Turim, 1955. p. 273).

É assim imperiosa a intervenção do Estado, em sua versão social de Direito, por meio de suas políticas de compensações em auxílio do homem que trabalha, cujo *status* de cidadania encontra-se presente junto ao *status* ocupacional ou profissional, e o transcende. A partir do fato de que a fábrica já não é mais um dos grandes laboratórios da socialização moderna, é à própria cidadania que toca a emancipar--se do trabalho industrial, reclamando as garantias necessárias para a conservação de sua identidade (ROMAGNOLI. *Op. cit.*) e subsistência como cidadania social.

Por isso, se o homem que trabalha não é o titular dos meios de produção em que sua atividade se inscreve, deve lhe ser garantido o poder expressado como direito a que possa exigir a proteção dos direitos sociais dos quais é titular.

O objetivo do Estado Social de Direito é obter suficientes garantia e segurança jurídica para os chamados direitos fundamentais da pessoa humana.

No âmbito de uma relação bilateral entre sujeitos, quem detenha o exercício dos poderes de organização e direção, que incluem não somente a aptidão de colocar fim à relação mas também dotada de plena eficácia extintiva, mesmo sem causa ou com uma causa injustificada, não pode se converter — sem que se aumente a brecha das relações assimétricas de poder que se dão no marco das relações de trabalho — em juiz e parte destas relações, pelo que à parte mais débil dessa relação lhe assiste não somente o direito de revisar os atos que se considerem arbitrários do empregador, mas também de poder recorrer aos órgãos jurisdicionais de contas, que não podem senão estar encabeçados exclusivamente pelo Estado, como garantidor das compensações necessárias para que se proteja o sujeito mais fraco e procurar assim alcançar a obtenção do bem-estar geral mediante decisões que têm o *imperium* de ter que ser respeitadas.

A justiça converte-se assim no coração de todo direito (ROSSI, Abelardo. *Aproximación a la justicia y a la equidad*. Argentina: Ediciones de la Universidad Católica Argentina, 2000), competindo aos juízes assegurar que os direitos sejam cumpridos. Contra a segurança que a lei dá, está a justiça que dá a equidade, e não pode haver segurança firme e permanente sem justiça como remédio supremo de toda ordem social justa (GRISOLÍA, Julio A. Los jueces y la equidad. *Revista de Derecho Laboral y Seguridad Social*, Abeledo-Perrot, n. 9, p. 753 e ss.).

O acesso à Justiça constitui um direito humano essencial, consagrado por tratados internacionais de referência como, a título de exemplo, o art. 8º da Declaração Universal dos Direitos Humanos, ou o prescrito pelos arts. 2º e 25 da Convenção Americana sobre Direitos Humanos, quando estabelece o direito de toda pessoa a um recurso simples e rápido ou a qualquer outro recurso efetivo perante os juízes ou tribunais competentes que a ampare contra atos que violem seus direitos fundamentais reconhecidos em clara intenção de limitar, reduzir ou mesmo suprimir os direitos já por si debilitados dos trabalhadores, dispondo de um procedimento simples e breve pelo qual a Justiça "competente" o ampare contra atos tanto de particulares como da autoridade pública. A mesma Convenção consagra que os Estados-parte se comprometem a respeitar os direitos e liberdades reconhecidos nela e a garantir seu livre e pleno exercício sem discriminação alguma, posição econômica ou qualquer outra condição social, a ser ouvida com as devidas garantias e dentro de um prazo razoável por um juiz ou tribunal competente, independente e imparcial para a determinação de seus direitos e obrigações de ordem civil, trabalhista, fiscal ou de qualquer outro caráter.

A autonomia, independência e integridade dos membros do Poder Judiciário apelam à adoção de medidas que assegurem o acesso irrestrito à jurisdição, a condução das causas, conforme o devido processo legal e sua conclusão em um prazo razoável mediante sentenças exaustivas (CIDH. *Informe Anual 1992/1993*, p. 227; p. 484 e 485, Estado de Nicarágua).

O art. 8 da Convenção Americana estabelece que toda pessoa tem direito a ser ouvida por um juiz ou tribunal competente. As normas de interpretação da Convenção preveem em seu art. 29 que nenhuma de suas disposições deve ser entendida no sentido de limitar o gozo e exercício de qualquer direito ou liberdade que possa estar reconhecido pelas leis internas dos Estados-parte (CIDH. *Informe Anual 1994*, Resolução n. 1/1995, Peru, caso 11.006, p. 111-113).

O acesso à Justiça do Trabalho por parte dos trabalhadores tem por objeto o amparo e a tutela imediatos de direitos que são considerados fundamentais do homem.

De maneira que os progressos do constitucionalismo em escala universal permitem configurar e construir hoje o direito, como um sistema artificial de garantias constitucionalmente preordenado à tutela dos direitos fundamentais, a partir de um modelo ou sistema garantista que permite estruturar a legalidade, não só quanto às formas de produção das normas, mas também pelo que se refere aos conteúdos produzidos, vinculando-os normativamente aos princípios e aos valores inscritos em suas constituições mediante técnicas de garantia cuja elaboração é tarefa e responsabilidade da cultura jurídica (FERRAJOLI, Luigi. *Derechos y garantías, la ley del más débil*. Madri: Trotta, p. 17-20).

Nossos povos da América Latina padecem as consequências do aumento do desemprego, da agudização da pobreza e da injusta distribuição de recursos e meios. Não é uma questão econômica, mas política, na qual a economia se apresenta como a única ordenadora da sociedade (SEN, Amartya. *Desarrollo y libertad*. Buenos Aires: Planeta, 2000. p. 32 e ss.). Nas empresas, disciplinados os trabalhadores pelo temor ao desemprego, violado o exercício livre e pleno da liberdade sindical e cooptados quase todos os quadros sindicais, emitem-se mensagens desativadoras de qualquer tentativa de resistência, pelo que na busca de um projeto de sociedade inclusiva a democracia deve se realizar tanto na ordem social como na política, convertendo a justiça em fonte de paz e fraternidade (FILAS, Rodolfo Capón. La cultura en una sociedad plural. RAMÍREZ, Luis Enrique (coord.). *Derecho del trabajo y derechos fundamentales*. Buenos Aires: BdeF, p. 34 e ss.). Ou seja, a justiça social é fundamento necessário da paz universal e permanente (Preâmbulo da Constituição da OIT).

O direito ao acesso à Justiça converte-se assim em direito para obter direitos. Não há progresso sem Justiça que assegure a tutela da liberdade e os direitos fundamentais do homem.

A partir da incorporação dos tratados internacionais não só se incorporam os direitos fundamentais substantivos, mas também os órgãos e mecanismos internacionais de proteção desses direitos, habilitando-se a jurisdição internacional por meio do amparo internacional reconhecido pelo art. 44 da Convenção Americana, de maneira que a jurisprudência da Corte Interamericana de Direitos Humanos, assim como as diretivas da Comissão Interamericana, constituem uma imprescindível pauta de interpretação dos deveres e obrigações derivados da Convenção Americana sobre Direitos Humanos, devendo os juízes levar em conta não somente o tratado internacional mas também a interpretação que deles fez a Corte Interamericana, intérprete última da Convenção Americana, competindo ao Poder Judiciário o exercício do controle de convencionalidade entre as normas jurídicas internas e a Convenção Americana sobre Direitos Humanos.

Desta maneira, o trabalho do juiz do trabalho é escolher, do leque de normas nacionais e internacionais, legais e supralegais, a que melhor favoreça o alcance do princípio da justiça social (ROVER, Jesús Rentero. Crisis global y derecho del trabajo. *1º Seminário organizado pela ALJT,* Universidad Nacional de La Matanza, Buenos Aires, 2009).

A aplicação da norma internacional e a interpretação que dela é realizada pelos organismos jurisdicionais internacionais não afeta o *imperium* dos juízes, já que em um Estado Social de Direito é o trabalho dos juízes aplicar a norma mais favorável para a pessoa, efetuando um juízo de valor compatível com as normas constitucionais substanciais e com os direitos fundamentais estabelecidos por elas. Tampouco afeta a soberania dos Estados, já que estes devem incorporar aqueles direitos que, por serem matéria de *ius cogens,* foram considerados patrimônio jurídico da humanidade.

Por consequência, o fundamento da legitimação do Poder Judiciário e de sua independência não é outro senão o valor de igualdade, como igualdade em direitos, posto que os direitos fundamentais são de cada um e de todos (FERRAJOLI. *Op. cit.*, p. 26).

A OIT destaca a justiça social como um de seus valores fundamentais e seu empenho em fomentá-la, sendo seu principal objetivo a dignidade dos trabalhadores (OIT, Memória para a VIII Reunião de 1994, do diretor-geral Michel Hansenne). Busca-se traçar uma espécie de paralelismo entre progresso econômico e justiça social.

Entretanto, a estratificação do mercado gerou uma força de trabalho primária e outra secundária, sendo cada vez mais difícil a mobilidade a partir da precariedade para a estabilidade, o que se deu em escala mundial mas com muito mais ênfase nos países menos desenvolvidos, flexibilizando a demanda e a utilização das forças de trabalho mas sem incorrer em maiores custos trabalhistas. As características heterogêneas das forças de trabalho introduzidas dentro do coletivo de trabalho racharam a solidariedade e fortaleceram as atitudes corporativistas e de defesa de categorias isoladas (NEFFA, Julio Cesar. *Empleo precário en la Argentina*, p. 110).

Para aqueles que postulam as políticas neoliberais, movimento que se deu no continente latino-americano a partir dos anos 1990, o Direito do Trabalho não estaria apto para preencher as condições de abstração, generalidade e de sistematização que são as de uma verdadeira juridicidade, em que a expressão "justiça social" reputa uma ideia perniciosa.

A partir daquelas políticas, questiona-se o conceito de justiça social responsabilizando-o de que se possa fazer crer que o direito social está referido à exigência de justiça, enquanto que os fatos não são mais que um produto da arbitrariedade política (HAYEK, F. A. *Los sindicatos y la ocupación obrera*. Buenos Aires, 1961). Daí que, como o denunciou Barbagelata, "para os que cultuam as políticas neoliberais, repugna a Justiça do Trabalho toda a vez que o procedimento autônomo do trabalho postula a necessidade de uma retirada de todas as características tradicionais do processo civil, ou de algum de seus princípios fundamentais, ou quando se exalta sua vocação para corrigir desigualdades criando outras desigualdades, e se destaca a exigência de que possua caráter tuitivo.

A missão que se atribui ao processo do trabalho, que assegura a irrenunciabilidade dos direitos do trabalhador, chocaria flagrantemente contra os postulados neoliberais que reclamam que se pudesse renunciar individualmente inclusive ao exercício do direito de greve" (BARBAGELATA. La justicia del trabajo en los tempos de neoliberalismo. Exposição no *VIII Congresso Internacional de Política Social, Trabalhista e Previdenciária: Políticas sociales para la justicia social*. Buenos Aires: FAES, 1996). Desta maneira, as características do Direito do Trabalho são consideradas pelos que propiciam essas políticas neoliberais como desqualificadoras desde o ponto de vista de sua conceituação jurídica, e na medida em que os princípios jurídicos que protegem os trabalhadores foram acolhidos pelos tribunais do trabalho são condenados como francamente negativos desde o ponto de vista do funcionamento das atividades econômicas.

Em síntese, a análise econômica do direito constitui o sustento ideológico de toda a proposta que pretende solucionar a crise do sistema judicial por meio da incorporação dos mecanismos de funcionamento das empresas privadas em uma economia de mercado, desierarquizando o caráter institucional inerente ao Poder Judiciário, ao qual não somente se tenta desestabilizar, mas inclusive eliminar.

Não é casualidade que as corporações empresariais e financeiras transnacionais fujam deliberadamente do que consideram os "burocratizados e ineptos" tribunais e do direito positivo por eles aplicado. Uma fuga que se dá em especial em três dimensões complementares: primeiramente, tendem a acatar seletivamente as distintas legislações nacionais, optando por concentrar seus investimentos somente em países onde lhes são mais favoráveis. Em segundo lugar, tendem a se valer de instâncias alternativas especializadas, tanto no âmbito governamental como no âmbito privado. Por último, tendem a acabar criando elas mesmas as regras que necessitam e a estabelecer mecanismos de autorresolução dos conflitos (FARIA, José Eduardo. La globalización y el futuro de la justicia. *Revista Contextos*, n. 1, p. 137).

Nessa linha, inscreve-se a pretensão de eliminar a Justiça do Trabalho com autonomia própria, o que se converte em parte de um plano inspirado em um modelo de exclusão. Isso supõe postergar os compromissos de justiça e equidade, que deram lugar ao surgimento e desenvolvimento da constituição dos Estados sociais de direito modernos.

A subtração dos conflitos da órbita dos juízes naturais, a limitação orçamentária destinada pelos governos para promover um serviço de justiça eficaz, as demoras injustificadas em suprir os cargos vagos de juízes e funcionários do Poder Judiciário e a escassez de recursos humanos que afetam o bom funcionamento da justiça constituem graves obstáculos para que as pessoas em geral e os trabalhadores em particular possam exercer e solicitar o amparo de seus direitos de forma rápida e eficaz, levando em conta o caráter alimentar dos créditos, e desta maneira põe-se em risco o Estado democrático e social de direito e, consequentemente, a todos os cidadãos. Os que pretendem minar a existência da Justiça do Trabalho querem, na realidade, uma justiça de submissão e inequidade (RECALDE, A. A. L. Héctor. *II Jornadas em Defesa da Justiça do Trabalho*). Os projetos que tendem a desmembrar ou desnaturalizar, ou a não reconhecer a existência e necessidade de uma Justiça do Trabalho autônoma e independente, são violadores do propósito universal de assegurar a justiça, de promover o bem-estar geral que procuram os povos civilizados e de tutelar os direitos humanos e sociais fundamentais consagrados em nível constitucional e nos tratados internacionais sobre os direitos fundamentais do homem.

A globalização conduziu para substituir a política pelo mercado como instância máxima de regulação social, esvaziou os instrumentos de controle dos atores nacionais e tornou vulnerável sua autonomia decisória. Ao gerar formas de poder e influências novas e autônomas, colocou em xeque a centralidade e a exclusividade das estruturas jurídicas do Estado moderno, baseadas nos princípios de soberania e territorialidade, no equilíbrio dos poderes, na distinção entre o público e o privado e na concepção do direito como um sistema lógico-formal de normas abstratas, genéricas, claras e precisas. Quanto maior é a velocidade dos processos dominados pela ordem econômica, mais é atravessado o Poder Judiciário pelas justiças inerentes, enquanto espaços infraestatais, ou espaços supraestatais que querem suplantar (FARIA. *Op. cit.*, p. 134 e ss.). Assim, facilita-se a perda de direitos contemplados em uma disciplina cujo norte é precisamente a irrenunciabilidade e indisponibilidade dos direitos em razão de seu caráter alimentar, e pela posição de debilidade negocial na qual se encontram os titulares desses direitos (POMPA, Roberto. El discreto encanto de querer eliminar la justicia del trabajo. *Revista Y Considerando*, AMYFJN, 2004).

Contudo, o movimento legislativo contemporâneo, no que diz respeito às normas que regem as relações jurídicas do capital e do trabalho, deu forma a um novo direito cujo conteúdo social e humano tende a proteger a parte fraca dessa relação. Daí que, diante de problemas que justificam a existência de um direito autônomo, deve-se admitir a necessidade de foro e procedimento próprios, pois não seria possível que, enquanto a legislação de fundo fosse criando um regime jurídico de exceção, o direito processual se mantivesse estacionário. Os trâmites processuais da justiça comum, ordinária, aplicados aos princípios do trabalho, são formulistas, onerosos e carentes da celeridade que exigem os fins perseguidos pela legislação respectiva. O desajustamento dessas regras processuais à solução dos conflitos derivados das relações de trabalho coloca em evidência a necessidade de instituir organismos especializados e procedimentos céleres e de restabelecer, mediante normas adequadas, a igualdade das partes, evitando a gravitação de sua distinta posição econômica (Mensagem de Elevação do Decreto n. 32.347, de 30 de novembro de 1944, de criação dos Tribunais do Trabalho na República Argentina).

A criação da Justiça do Trabalho é uma absoluta garantia para os operários e patrões, de maneira que o operário, que não possua meios, possa estar nas mesmas condições de defender seus direitos que aqueles que o possuem, já que a justiça social é a justiça mais imprescindível sobre a terra (Enrique Pérez Colman, na oportunidade do primeiro aniversário da criação da Justiça do Trabalho na República Argentina). A Justiça do Trabalho deve tutelar todos os homens e mulheres que trabalham, evitando que possam se encontrar expostos a situações de discriminação quando, por exemplo, desempenham atividades sindicais em defesa do coletivo de trabalho sem gozar da respectiva tutela legal que os proteja. A Justiça do Trabalho deve ser o sonho nas horas de luta dos homens, que queira converter um sistema baseado na democracia econômica por outro, sustentado na democracia social.

A existência de uma Justiça do Trabalho constitui um imperativo de justiça para um trabalho decente. Uma Justiça do Trabalho própria e autônoma faz possível o cumprimento dos preceitos que dão autonomia à matéria substantiva do trabalho e consagra os propósitos universais de assegurar a justiça e promover o bem-estar geral, tornando operante o princípio da progressividade inserido no art. 8º do Pacto de San José da Costa Rica.

A Justiça do Trabalho atua por intermédio de seus órgãos naturais sob regras de imparcialidade nas garantias do processo, mas desde o momento em que opera sobre relações entre desiguais, deve fazê-lo com um conteúdo de não neutralidade na aplicação do direito, dado que os trabalhadores devem ser sujeitos de tutela preferencial, com o que é válido consagrar a questão de uma desigualdade para manter uma igualdade e a prevalência dos direitos sociais para seguir o ritmo universal da justiça segundo expressa o direito internacional dos direitos humanos (Corte Suprema da República Argentina, julgado "Vizzoti" de 14.9.2004, cons. 9 e 10).

O futuro na construção de uma ordem social mais justa passa necessariamente pela defesa dos mais elevados princípios universais do Direito do Trabalho, como a emancipação social e a dignidade da pessoa humana. Os direitos necessitam ser efetivados no dia a dia da sociedade. Defender a Constituição, os tratados internacionais, o Direito do Trabalho e a Justiça especializada do Trabalho, significa respeitar o ser humano, proteger o hipossuficiente e garantir o princípio constitucional de acesso à justiça. Os povos não progridem se só são enunciados seus direitos. Devem ser outorgadas as condições para sua realização (CHAVES, Luciano Athayde. *Revista Y Considerando*, AMYFJN, ano 14, n. 91, p. 14 e 15).

De modo que desde o reconhecimento da vigência do princípio protetor, é imprescindível a plena vigência de contar com uma justiça especializada que possa trazê-lo do enunciado para a realidade (POMPA, Roberto. *Mensagem de abertura do Foro Permanente pela Defesa da Justiça do Trabalho*. Buenos Aires, 5 de outubro de 2004).

A Justiça do Trabalho deve integrar a aplicação dos ordenamentos nacionais com a aplicação dos tratados internacionais sobre direitos fundamentais do homem e as convenções da OIT, ampliando o marco de proteção dos direitos e garantias sociais, reconhecendo uma dimensão social e política de uma ordem jurídica com caráter integrador das normas internacionais (COUTINHO, Grijalbo Fernandes. *Revista ALJT*, ano 2, n. 3, p. 3). O objetivo principal das normas internacionais do trabalho é garantir condições de trabalho decente para os trabalhadores, de modo a promover o desenvolvimento sustentável e a erradicação da pobreza. Não haverá reforma judicial se não houver uma cultura judicial que a sustente (SANTOS, Boaventura de Sousa. Os magistrados do futuro. *Periódico da UnB*, Direito), pelo que sem uma Justiça do Trabalho efetiva, independente e autônoma, as convenções internacionais do trabalho não teriam sentido (Perito internacional da OIT. VELOZ, Christian Ramos. Perfil da justicia laboral en el proceso de internacionalización. *Revista ALJT*, ano 2, n. 3, p. 239). A plena vigência do Estado de direito e do sistema judicial são fatores decisivos da vida coletiva democrática, do desenvolvimento de uma política forte e densa de acesso ao direito e à justiça (SANTOS, Boaventura de Sousa. *Os tribunais nas sociedades contemporâneas*. Lisboa: Afrontamento, 1996. p. 79).

II. A OBRIGATORIEDADE DA EXISTÊNCIA DE UMA JUSTIÇA DO TRABALHO

A manutenção de um foro especializado em Direito do Trabalho é, por sua parte, um compromisso internacional assumido pelos Estados-parte no marco da IX Conferência Interamericana realizada no Rio de Janeiro em 1947, quando se aprovou a Carta Internacional Americana de Garantias Sociais, cujo art. 36 estabelece que em cada Estado deve existir uma jurisdição especial de trabalho e um procedimento adequado para a rápida solução dos conflitos entre trabalhadores e patronos. Esta norma internacional, desde o momento que tem por objeto (art. 1º) declarar os princípios fundamentais que devem amparar os trabalhadores de toda classe e constitui o mínimo de direitos que eles devem usufruir nos estados americanos, é abrangente da natureza de *ius cogens*, que obriga e deve ser respeitada pelos Estados americanos, como o sustentou reiteradamente a Corte Interamericana de Direitos Humanos, quando estabeleceu que, precisamente, ao ser matéria de *ius cogens*, não requer ratificação pelo ordenamento interno e deve ser acatada não somente pelos Estados-parte, mas porque, sendo matéria obrigatória, forma parte dos direitos humanos fundamentais, da moral universal e patrimônio jurídico da humanidade (CIDH, OC, julgado 003/09/17). Portanto, tratando-se de normas fundamentais, existe o dever dos Estados e das pessoas, públicas e privadas, de respeitá-las, sem importar as medidas de caráter interno que o Estado tenha tomado para assegurar, ou inclusive para infringir seu cumprimento. Nem sequer tratando-se de ordem pública é aceitável restringir o gozo e exercício de um direito fundamental, e muito menos invocando objetivos de política interna contrários ao bem comum.

Os efeitos jurídicos das obrigações *erga omnes*, *lato sensu* não se desdobram só entre as partes contratantes, mas se produzem na forma de direitos em favor de terceiros. O caráter de *ius cogens* implica que, por sua índole peremptória, estas regras fundamentais devem ser observadas por todos os Estados, tenham ou não ratificado as convenções, uma vez que não dependem nem da vontade, nem do acordo, nem do consentimento dos sujeitos. Os Estados-parte têm a obrigação de fazer cessar e remover os obstáculos ao exercício dos direitos que a convenção reconhece. Ou seja, são direitos do mais alto valor e eficácia e são considerados essenciais à consciência jurídica universal e componentes do patrimônio jurídico da humanidade e, por consequência, prévios e superiores a qualquer ordenamento nacional (OIT. *Declaração do diretor-geral*, 1988).

Longe de superar as desigualdades que naturalmente apresenta o direito do trabalho, a necessidade da competência própria da Justiça do Trabalho torna operacional o princípio da especificidade, necessário para fazer efetivos os direitos humanos derivados do trabalho.

Assim, pode-se sustentar a íntima vinculação entre os objetivos da Justiça do Trabalho e a defesa dos princípios sociais e direitos fundamentais dos trabalhadores, tornando operacionais os princípios sociais e direitos fundamentais destes, reconhecidos nas constituições nacionais dos Estados sociais de Direito e nos tratados internacionais sobre direitos fundamentais do homem. A Justiça do Trabalho converte-se desde o início em uma instituição essencial para a construção de um autêntico Estado Social de Direito, que garante o reconhecimento e amparo dos direitos sociais necessários para alcançar por sua vez a paz social.

Por isso, sustentamos a necessidade de que se garanta em nossos países uma justiça especializada em Direito do Trabalho, com um procedimento que recepcione, obviamente, o princípio da proteção.

19. Tutela para os Representantes e Ativistas Sindicais contra qualquer Represália que possa Afetar a sua Família, seu Emprego ou suas Condições de Trabalho

A Proteção da Representação e da Atividade Sindical contra a Discriminação Antissindical

José E. Tribuzio

I. Não há liberdade sindical sem proteção do representante sindical

O exercício da representação sindical é o resultado imediato da organização do coletivo de trabalhadores para a reivindicação e a defesa de seus direitos e interesses. Importa, concretamente, a liberdade sindical *atuada* desde o instante constituinte da união operária.

Ancorada em tal premissa, a índole do trabalho que leva a cabo o representante sindical, dentro ou fora do estabelecimento, não só justifica como demanda a intervenção dos Estados, em prol de garantir um espaço de integridade diante de ingerências de terceiros (mesmo o próprio Estado), que tenham por objetivo impedir ou afetar de qualquer modo a atividade sindical desenvolvida para satisfazer o interesse coletivo, ou (se for o caso) individual, que aquele se encontra chamado a personificar.

Desta forma, embora a exposição do trabalhador que exerce a representação setorial implique um risco certo perante censuras, represálias ou pressões destinadas não só a impedir o êxito de sua gestão própria e específica mas também para obter a disciplina do coletivo laboral, motivo pelo qual a implementação de proteções especiais é condição *sine qua non* de vigência da liberdade sindical. Representação e tutela do trabalhador que a exerce constituem — por consequência — uma dupla inseparável em todo modelo democrático de relações de trabalho.

As práticas persecutórias para com o representante sindical costumam apresentar-se de diversos modos. No plano contratual, afetando suas condições de trabalho, por meio de medidas que têm por objeto isolar o trabalhador ou obstaculizar de algum modo sua função representativa.

Não são raras, neste aspecto, as modificações sobre a jornada ou o local de trabalho, justificadas formalmente no poder técnico-organizativo que reside no empresário.

Certamente que a manifestação mais evidente de antissindicalidade se expressa mediante a dispensa, abrigada pelo poder disciplinar e a *legalidade* que sob tal roupagem pretende atribuir-lhe a medida segregadora.

Fora do marco contratual, a persecução sindical ostenta características de maior gravidade ainda, já que costuma se configurar mediante atos de violência que colocam em risco ou atentam contra a vida do trabalhador, seja mediante o aparato repressivo estatal ou a conduta ilícita exercida pela patronal, com o objetivo de impedir a ação sindical ou obstaculizar seu exercício.

Em algumas ocasiões, as práticas persecutórias e segregadoras transcendem o sujeito sindical para desdobrar-se sobre o núcleo familiar ou o entorno afetivo dos representantes, por meio de represálias diretas dirigidas para os membros de sua família ou pessoas vinculadas afetivamente com eles, quando encontram-se — estes últimos também — subordinados ao empregador na relação de trabalho, ou indiretamente, mediante vias de fato exercitadas fora do âmbito laboral.

Diante destas condutas, a reação estatal — normativa e judicial — deve se impor como um baluarte que garanta a ação sindical do representante e a integridade de seu grupo familiar.

Isso, sem prejuízo de recordar, por sua vez, que a representação sindical preexiste às formas institucionalizadas criadas pelo Estado e prescinde, por consequência, dos moldes criados para canalizar sua ação.

Neste sentido, a cristalização jurídica da organização gremial por meio de um sindicato reconhecido pelo Estado não é condição excludente para o exercício da representação legítima nos múltiplos âmbitos nos quais se expressa a *questão social*.

Pelo contrário, a garantia ampla e fundamental da liberdade sindical compreende, naturalmente, o exercício de direitos em favor do coletivo de trabalhadores, sem distinções. Mais ainda, o exercício da representação em si mesma é condição necessária (ainda que não suficiente) para a vigência e maturidade da organização sindical.

Em geral, os distintos sistemas jurídico-positivos de relações trabalhistas na América Latina omitem conferir imunidades aos trabalhadores que desenvolvem um ativismo sindical fora das instituições reconhecidas pelo Estado. Tal carência — suprida em alguns casos pela jurisprudência — atenta contra a vigência da liberdade sindical e a salvaguarda das instituições trabalhistas, dentro e fora do lugar de trabalho.

A partir deste enfoque, o exercício da representação por meio de seus titulares requer mecanismos de tutela adequados e rápidos, a fim de garantir a efetividade e eficácia da ação gremial, em qualquer de suas manifestações, seja orgânica ou inorgânica, formal ou informal. Tal proteção encontra fundamento em dois direitos fundamentais que se entrelaçam e complementam: o direito a não ser discriminado e o direito à liberdade sindical.

É que, efetivamente, a obstaculização do exercício da representação sindical, formal ou informal, acarreta consequências plurilesivas que afetam o desenvolvimento das instituições democráticas dentro do marco que propicia o Estado Social de Direito.

Concretamente, a proteção da atividade sindical em todas as suas dimensões impõe reservas e obrigações aos poderes públicos e privados, por meio de dispositivos contidos em normas de hierarquia superior; não só em nível nacional, pela sua recepção formal e orgânica nas cartas constitucionais, mas também mediante sua incorporação aos instrumentos internacionais. É dever inevitável do legislador, em cada um dos Estados, dotar de alcance e plenitude os direitos ali reconhecidos.

Em matéria de direitos sociais, um dos princípios fundamentais, incorporado ao acervo jurídico fundamental universal denominado *ius cogens*, é o de "não discriminação". Tal garantia encontra-se recepcionada nos arts. 2.1 e 7 da Declaração Universal dos Direitos Humanos; II da Declaração Americana dos Direitos e Deveres do Homem; 1º e 24 da Convenção Americana sobre Direitos Humanos (Pacto de San José da Costa Rica); 2.2 do Pacto Internacional de Direitos Econômicos, Sociais e Culturais; 2.1 e 26 do Pacto Internacional de Direitos Civis e Políticos; 5 e cc. da Convenção Internacional sobre a Eliminação de todas as Formas de Discriminação contra a Mulher; 2, 26 e cc. da Convenção dos Direitos da Criança; 3.1 da Carta da Organização dos Estados Americanos; 3 do Protocolo Adicional à Convenção Americana sobre Direitos Humanos em matéria de Direitos Econômicos, Sociais e Culturais (Protocolo de San Salvador), e 1 da Declaração Sociolaboral do Mercosul.

A OIT, por sua parte, recepciona o direito a não ser discriminado em diversas normas, entre as quais cabe destacar os arts. 1º, 2º e 3º da Convenção n. 111, de

1958, sobre a discriminação no emprego e na ocupação, e a Declaração de 1998 relativa aos Princípios e Direitos Fundamentais no Trabalho e seu seguimento.

Em particular, o direito a não ser discriminado por motivos sindicais foi desenvolvido na Convenção n. 98, de 1949, que tutela os direitos de sindicalização e de negociação coletiva, cujo art. 1º predica que os trabalhadores deverão gozar de "adequada proteção" contra "todo ato de discriminação" tendente a menoscabar a liberdade sindical em relação a seu emprego, incluída a dispensa. No mesmo sentido, expressa-se o art. 9º da já citada Declaração Sociolaboral do Mercosul.

Segundo o Comitê de Liberdade Sindical, tal proteção deverá ser exercida, especialmente, contra todo ato que tenha por objeto dispensar um trabalhador ou prejudicá-lo de qualquer outra forma, em razão de sua filiação sindical ou de sua participação em atividades sindicais. Nessa tábua de salvação, o mesmo organismo destacou que os sistemas que mantêm a eficácia da dispensa em troca de uma indenização não se compadecem com a proteção suficiente contra os atos de discriminação sindical mencionados na Convenção n. 98 (cf. OIT. *La libertad sindical*, recompilação de decisões e princípios do Comitê de Liberdade Sindical do Conselho de Administração da OIT, 4. ed. 1996, § 707, p. 153). E assim também postula a Recomendação n. 143, segundo a qual uma reparação eficaz da dispensa discriminatória deve compreender a reintegração ao posto de trabalho (art. 6º, n. 2, lit. d).

Efetivamente, não é admissível, à luz dos direitos fundamentais em jogo, uma solução distinta da proposta. O direito do trabalhador a não ser dispensado por motivos antissindicais só se veria satisfeito com a nulidade do ato e a readmissão ao emprego, único modo idôneo e eficaz para garantir *in natura* o conteúdo essencial dos princípios fundamentais vulnerados.

Mas, ademais, a tutela do direito a não ser discriminado por razões antissindicais conta com uma específica mecânica probatória que determina a substituição das regras tradicionais de distribuição do ônus probatório. A inversão do *onus probandi*, em tais casos, permite sortear as dificuldades que, em matéria probatória, trazem consigo os casos de discriminação arbitrária.

Sobre o tema, tem dito a Corte Interamericana de Direitos Humanos que a presença de condições de desigualdade real obriga a adotar medidas de compensação que contribuam para reduzir ou eliminar os obstáculos e deficiências que impeçam ou reduzam a defesa eficaz dos próprios interesses. Se não existissem esses meios de compensação, dificilmente se poderia dizer que quem se encontra em condições de desvantagem disfrute de um verdadeiro acesso à justiça e se beneficie de um devido processo legal em condições de igualdade com quem não enfrenta essas desvantagens (CIDH. El derecho a la información sobre la assistencia consular en el marco de las garantías del debido proceso legal. *Opinião consultiva* OC-16/99, de 1º de outubro de 1999).

Sobre as pautas expostas, é dever dos Estados aprofundar as medidas e aperfeiçoar os meios técnicos tendentes a garantir a tutela efetiva da liberdade sindical, a cujo fim tributa o trabalho dos trabalhadores que por meio de sua atividade sindical expressam a reivindicação e defesa do interesse coletivo.

II. A REALIDADE LATINO-AMERICANA

Na América Latina, uma das regiões com maior desigualdade social do planeta, percebe-se que a tutela dos representantes e ativistas sindicais é, em muitos casos, escassa ou nula, mais além do que possam regular as legislações locais. Em vários países, a liberdade e a vida dos dirigentes sindicais que não são afinados com o governo não valem nada, como ocorre na Colômbia e Guatemala, entre outros. No México, chegou-se ao extremo de fechar uma empresa pública de energia, na qual havia 44.000 trabalhadores, para liquidar o sindicato que os nucleava, um dos mais combativos do país. E assim poderíamos seguir enumerando, país por país, as violações permanentes à liberdade sindical e a perseguição e repressão aos lutadores sociais, muitas vezes com a cumplicidade do Poder Judiciário mediante a criminalização do protesto social.

Por isso, é imprescindível que os governos latino-americanos assumam o compromisso público de proteger efetivamente os representantes e ativistas sindicais de todo ato de represália ou discriminação. Só assim se alcançará na região a eliminação de todo tipo de violência, e se começará a construir uma ordem social realmente justa e solidária.

20. Princípio de Progressividade, que Significa não só a Proibição do Retrocesso Social, mas o Compromisso dos Estados de Alcançar Progressivamente a Plena Efetividade dos Direitos Humanos Trabalhistas

O Princípio da Progressividade como Proteção da Propriedade Social e a Integridade do Trabalhador

Ricardo J. Cornaglia

O princípio da progressividade corresponde à ideia de que o direito do trabalho, reconhecendo o estado de necessidade de amplos setores da classe trabalhadora, cumpre a função de resgate racional da desapropriação implícita na relação de trabalho da ordem econômica capitalista. Relação de subordinação que legitima a apropriação pelo empregador dessa força de trabalho e os lucros que gere, afastando o produtor do trabalho dos riscos que assume quem o explora em seu benefício.

Este princípio funciona como uma válvula dentro do sistema, que impede retroceder, desativando os direitos e as garantias sociais já alcançados.

Tem por função impedir no tempo o retrocesso a condições próprias de períodos históricos que registram um maior grau de desapropriação legitimada.

Para cumprir a função protetora, expressa-se articuladamente com o princípio da irrenunciabilidade e as regras da norma mais favorável e da condição mais benéfica. Impõe a necessária aceitação da regra da aplicação imediata da lei trabalhista mais favorável no tempo, às situações e causas pendentes.

Essas regras instrumentais constituem-se no arsenal garantista do Estado Social de Direito, cumprindo seu objetivo diferenciador, motorizado pelas características de mobilidade paulatina, dinamismo e resgate de um estado de desapropriação e hipossuficiência, consagradas como as operativas reais do princípio protetor.

Alcança o chamado princípio da progressividade a categoria tal que nos Estados Sociais de Direito, já que impregna todo o sistema normativo trabalhista com suas notas características e excludentes próprias do garantismo. O sistema adquire coerência em função do princípio. As normas são devidas a ele e o expressam, do contrário, são assistêmicas e não razoáveis.

Disso se depreende a força vinculante do princípio, que chega a ser tal, não como uma regra de interpretação (que também é), mas como uma fonte material normativa.

A consequência sistêmica da existência destas notas características nas regulações trabalhistas e econômicas, que se produzem por via das distintas fontes (estatais e não estatais), determina a vigência de uma ordem pública trabalhista ou de seu oposto, uma ordem pública econômica.

O princípio da progressividade afirma-se em valores constantes no tempo e relativos no espaço social. E é medido a partir dos poderes que legitima.

É constante: enquanto não se consiga o objetivo procurado, não pode ser deixado de lado.

É relativo: só diz respeito a um dos setores sociais. Aquele ao qual protege.

Mede-se pelos poderes que regula, já que espaço e tempo ganham sentido apenas na racionalidade dos enfrentamentos desses poderes.

Para o direito do trabalho, o princípio não existe em termos de um desenvolvimento progressivo de todos os setores sociais, como fórmula geral do progresso humano.

É tão somente um instrumento libertador a partir da constatação alcançada a partir da tomada de consciência da questão social pela humanidade.

Busca que o setor social desapropriado alcance os instrumentos necessários para libertar-se da desapropriação que sofre e, portanto, possa ser aplicado em épocas de progresso ou regressão social, na medida em que o estado de desapropriação exista. De fato, em termos de crise e regressão, sua razão de ser (sua racionalidade intrínseca), é reforçada. A maior crise econômica e social, maior necessidade solidária de proteger contra os efeitos espoliadores de uma lacuna social existente, que tem sua razão de ser em um processo de apropriação dos poderes dos mais pelos menos.

Em uma época própria de uma sociedade e Estado afirmados no progresso, a renda e os poderes legitimados de todos crescem, mas não por igual. Nela, a desapropriação dissimula-se e seus efeitos se atenuam pelo crescimento geral. Há uma feliz cordialidade generalizada. Mas em uma sociedade e Estado declinantes e regressivos é antifuncional transferir a crise aos pobres, afirmando a necessidade de que eles a solucionem afundando a lacuna social natural. A sobrevivência não é obtida pela miserabilidade extorsiva. E os poderes legitimados dos trabalhadores são medidos no tempo, sendo o princípio de progressividade o baluarte que não afunda as diferenças implícitas na desapropriação reconhecida.

Quando o princípio de progressividade é relacionado com a evolução da técnica na humanidade, está sendo enfocado desde a concepção puramente econômica, e a partir de uma consciência criada, que refere ao homem a respeito de um plano cultural: o próprio do capitalismo avançado.

Aqui, progresso é bem comum a partir da geração de bens de consumo, desde a apropriação do trabalho e pelos capitalistas. E isto não é suficiente para explicar a história do homem. Nem serve para criar uma regra fundante de corte universal à qual tenha que se submeter.

Se não se quer ancorar o direito (e em particular o do trabalho), nos estreitos limites da cultura do capitalismo, como se esta fosse a única possível, isto não se pode fazer, porque, ao fazê-lo, gera-se uma contradição em si mesma. O princípio explode por inútil. Serve ao progressismo da exploração.

Do princípio da progressividade do qual podemos falar em termos de uma revolução democrática, é o da liberação do homem a partir do trabalho.

Busquemos, portanto, os limites do princípio de progressividade, em sua relação com o progresso do homem na conquista do conhecimento. E façamos isso a partir do trabalho, já que ao conhecimento só se chega pelo trabalho. Não porque se faça relativo o progresso do homem no consumo dos alimentos, mas porque a satisfação de uma necessidade inevitavelmente leva à criação de outras necessidades. E a regra fundante de um sistema de normas tem que ter valor universal e desmedidas pretensões de atemporalidade.